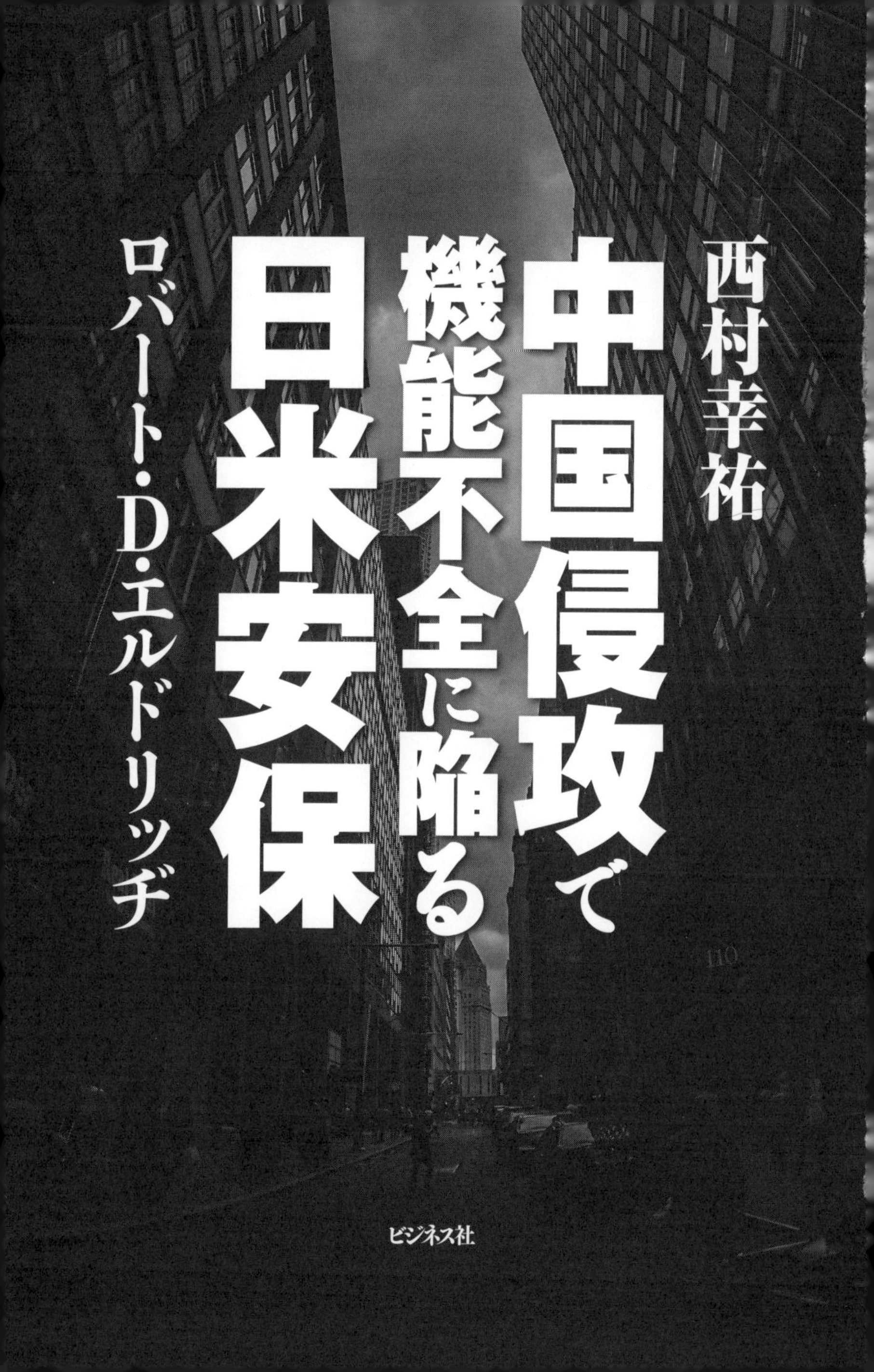

西村幸祐

中国侵攻で機能不全に陥る日米安保

ロバート・D・エルドリッヂ

ビジネス社

はじめに　日本人が知らない日米の不都合な真実

ロバート・D・エルドリッヂ

　私の専門は政治学であり特に日米関係を研究する歴史家です。学者でありながら在沖縄米軍海兵隊政務外交部次長を務め、東日本大震災では「トモダチ」作戦の立案にも携わりました。気づけば日本に在住して、もう三十年以上になります。その間、あえて東京ではなく、関西や沖縄を活動拠点とし、一アメリカ人として沖縄を中心に日本の根本問題、日米安保に関して研究し、また政策提言も多くしてきました。自分の役割は日米の懸け橋になることではないかと、政界や軍、民間を問わず、それこそ幼稚園生からお年寄りまで多くの人たちと交流を重ねてきました。本書の対談相手である西村幸祐先生との出会いもその一環です。

　読んでいただくとわかる通り本書には「不都合な真実」がちりばめられています。何もそれは民主・共和の二大政党や主要メディア、ディープ・ステートのみならず、日本政府および自衛隊、そして日本人にとって目をそむけたくなる事実や私なりの解釈も思い切って述べたつもりです。

　日米主流メディアの報道では真実はつかめないことが、二〇一六年、二〇二〇年と二つの米大統領選挙によって白日の下にさらされました。アメリカの「分裂」についても、トランプが原因とされていますが、それは表層に過ぎません。最大の元凶は、一％対九九％の「超格差」という上下の対立にこそあります。そして、宗教vs.無宗教であり、イデオロギーの対立です。イデオロギーといえば、右vs.左を思い浮かべやすいですが、民主党と民主党外の左派の分裂の方が実は激しい。民主党が恐れているのは共和党でもFOXニュースでもなく、「プログレッシブ（進歩派）」による真相の究明と鋭利な批判です。一例を挙げれば、トランプの「ロシアゲート事件」がまったくの嘘出鱈目《うそでたらめ》のでっち上げだったことを暴いたのは、プログレッシブの記者でした。つまり、左派が民主党を批判したのです。

彼らは米国の他国への不当な干渉を批判し、戦争ではなく国民保険制度など山積した国内問題に予算を回すよう民主党政権に圧力をかけ続けています。しかし日本の進歩主義者とは違って、絶対平和というような幻想を抱いているのでもなければ、ましてや反米では毛頭ありません。ただ、アフガンやイラクのように軍事産業やディープ・ステートが喜ぶ不必要な戦いに人命も予算も割くなと批判しているだけです。

「言論の自由」を何よりも尊び、政府やＧＡＦＡ（グーグル・アップル・フェイスブック・アマゾン）による言論弾圧を批判するものです。同じく言論の自由を唱えながら反対者には存在する自由さえ奪おうとする日本の左翼とは真逆の立場です。安倍政権をファシズムと批判しながらお隣の国の人権弾圧はスルーするダブルスタンダード（二重基準）など彼らの持ち合わせるところではありません。

日本では極左として紹介されるアレクサンドリア・オカシオ＝コルテス（AOC）などのグループも、私に言わせれば、結局民主党主流派に協力する「fake-libs（フェイク・リブス）」に過ぎません。言っていることとやっていることが違う政治屋です。

米メディアによるトランプへの言論弾圧を批判する日本の保守派も、それ以上にプログレッシブに対する激しい言論弾圧があることはおそらく知らないでしょう。また、そのような民主党への正当な批判に対し、民主党および関係者が「トランプ支持者」とレッテルを貼ることによって言論を封殺したり、「トランプよりマシでしょう」と投票行動への同調圧力をかけている米国の悲惨な国内状況はわからないと思います。ある意味民主党こそ自らの腐敗から目をそらせ口を封じるためにトランプを利用している事実があるのです。何も考えずに民主党に入れる「エニー・ブルー・ウィル・ドゥ（民主党なら誰でもいい）」や、「ブルー・アノン（民主党が絶対と洗脳する人たち）」と呼ばれる人々がいるほどで、米国分断に拍車をかけています。

さらに深刻なのは、民主党支持層が政府や巨大企業による言論弾圧を支持する声が高まっていることです。その期待に応えるかのように、フェイスブックは新たに「メディア批判」に対する言論への検閲を始めると発表しました。あるユーザーがメディアへの批判を繰り返した場合、じっさいにそれが事実であったとしても処分される可能性が高まるわけです。つまり、事実かどうかはフェイスブックが決める。かくもアメリカ社会はファシズムに急傾斜しているのです。メディアに嫌われた人物は徹底的に弾圧され、それは大統領であっても免れない。これもリベラルな日本の知識人や学者にとっては不都合な真実でしょう。

一見、対立しているように見える民主党と共和党もエスタブリッシュメントの民主党と、ビッグ・ビジネスと関係が深い共和党に大差はなく、日本で言えばせいぜい自民党内での右と左の違いしかありません。直近の世論調査によれば、民主・共和の二大政党の支持者の合計よりも無党派層の割合のほうが高いことがわかります。今や無党派の国民が有権者のなかで一番多いグループになってきました。有権者の不満が高まり両党とも支持率は下落の一途をたどっているのです。

トランプ政権の際も激しかったですが、アフガン撤退以降、ディープ・ステートによるバイデン批判は目を覆うものがあります。いわくつきの大統領選だとしても、仮にも国民の選んだアメリカ大統領の出した決断を公然とひっくり返そうとするディープ・ステートは、内戦を起こさんばかりの勢いです。アメリカの真の分裂が危険水域にきていることに注意してください。

しかし、民主党 vs. 共和党という対立が表層にすぎないということは、左 vs. 右の図式に慣れた日本の読者には難しいかもしれません。私は日本でも何冊か本を出していますが、このことをここまで述べるのは本書が初の試みです。一冊にすべきテーマだったかもしれません。何とかそれが伝わるようなるべく盛り込んだつもりです。

アメリカが弱体化している以上、言うまでもないことですが、日本は中国からの侵攻を自分たちで防がなくてはなりません。台湾防衛は日本の生命線です。中国にとって台湾を取るのは合理的な理由があり、二〇二二年の北京冬季五輪以降から二〇二六年までに侵攻する可能性は極めて高い。その理由は本文に当たっていただくとして、日米両国は中国以上に台湾を防衛するという意志と能力のあることを中国共産党に見せつけなくてはなりません。

そのためにも、多くの日本人が抱いている三つの幻想、①いざとなったらアメリカが守ってくれる、②自衛隊は戦えば強い、③中国もまさか軍事侵攻まではしないだろう、という楽観論を直ちに捨てるべきです。

本書では台湾防衛、尖閣の領有問題、在米軍との連携など対中国で具体的にどうすべきかを専門家の観点から提言しました。日米同盟には世界で日本にしかできない役割があること、そして日米の真の友情のためには両国民の歴史観の見直しと歩み寄りが必要であることも、西村先生と議論を闘わせました。本書が一人でも多くの日本人に「日本の自立」が急務であることを、そして意志さえあれば日本にはその能力のあることを、気づかせる一助になったなら、日本を愛する者として幸いです。

もくじ

第二章　日米の衰退は同時現象

第三章　日本を蝕む三つの幻想

第四章　中国侵攻、絶体絶命の日本

エピローグ　米軍基地を自衛隊の管理下におけ！

プロローグ　軍事産業とディープ・ステートに蝕まれたアメリカ

スケジュール有りきのアフガン撤退か？

西村　バイデン大統領は予定通り二〇二一年八月三十一日にアメリカ軍のアフガニスタン撤退を実行しました。正確に言えば、「撤退」でなく「敗走」です。七月中旬に始まったアフガニスタンの混乱は、タリバンが首都カブールを陥落した八月十五日以降、激しさを増している。タリバンがものすごい勢いで、政府軍を駆逐し、政府軍はまったく機能していない状況で各都市をタリバンに明け渡していった。こういう大混乱の状況のまま、今日に至ったわけです。

しかし、私にはこの度の撤退が八月三十一日というスケジュール有りきで決まったようにみえるわけです。バイデン大統領はなんとしてでも撤退を九月十一日の前に行いたかった。言うまでもなく、二〇〇一年〈九・一一〉の同時多発テロから二十年で、バイデンがアフガン戦争を終わらせたという実績になるからです。歴史に名を残したかったというバイデンの個人的な願望があったのではないか。スケジュールがすべてに優先したことが拙速な撤退の理由だったのではないか、というのが一つの疑問です。

それからこれはエルドリッヂさんもご存知でしょうが、ロイターが八月三十一日に大スクープをしました。

バイデン大統領が七月の下旬にアフガニスタンのガニ大統領と電話会談をして「世界が心配するから、タリバンの勢力が拡大しているということを言わないようにしてくれ」と頼んだというのです。そして記者会見においてもバイデンは、事実と異なることを言っていた、とスクープしたわけです。

これも大問題で、いろいろなことをいう人がいるのですが、トランプが二〇二〇年タリバンと和平協定を結んだときに、様々な条件をつけていた。それをバイデンが無視して、はじめから撤退の期限を決めた。自分の名前を歴史に残したいという個人的な利己的な願望だけをすべてに優先した恥ずかしいスタンドプレーに、一番大きな問題があったと考えています。

実際、トランプはこの点を大きく批判して、バイデンがトランプのタリバンとの歴史的な和平交渉の何もかもを否定したことを怒っています。その結果、十三名の海兵隊員がカブール空港外でアフガニスタンの避難民たちを保護しているところを自爆テロに遭い、亡くなった。おまけにその報復攻撃でＩＳのテロ部隊を攻撃し壊滅させたとバイデンが発表したのが大嘘で、何の罪もない子供を含めた九人のアフガニスタン市民を誤爆で殺してしまった。米軍の司令官は神妙な面持ちでこの誤爆を発表し謝罪したが、ミリー統合参謀本部議長やオースティン国防長官の謝罪や声明もなく、バイデン大統領も無視しています。

私は、アメリカがアフガニスタンから撤退することは既定の方針だし全然異論はないのです。その際は、穏やかな撤退といいますか、今はなくなってしまったガニ政権とタリバンとの間の協定をどのようにしていくか。あるいは、カルザイ元大統領ですとか、九月まで抵抗を続けていた北部同盟、マスード将軍の息子など、彼らとアフガニスタンという国の統治体制をどうするのかということを、国際社会のなかで決めていきながら、そのうえで、徐々に、徐々に撤退をしていくというかたちをとれば、こんなことにはならなかった。

ところがバイデンは、とにかく八月三十一日に撤退、と。撤退ありきで決めたことが一番大きな混乱の原因でしょう。

私はそのように感じたのですがいかがでしょう?

バイデン攻撃を始めたディープ・ステート

エルドリッヂ　私はこれ以外のシナリオはなかったとみています。また、報じられているほどの大混乱であるとは思いません。現に十一万人以上という、多くのアメリカ人などを救出し、出国できているわけですから。

アフガン劇の最中、バイデンの伝記や自伝を読んでいたのですが、アフガン戦争を早く終結させることについて、彼は本気だったということがわかってきました。

これは、名を残すためというより、二〇〇二年に彼がはじめてアフガンを視察したときから、共和党のブッシュ政権がいうほど楽観的ではないということを痛感したからです。

彼はながらく、アフガン問題が気になっていた。オバマ政権で副大統領を務めていたときに終結のチャンスがないわけではなかった。たとえば、ウサマ・ビン・ラディンが殺された二〇一一年五月のタイミングなどがそうです。

しかし、終結させようとしてはいても、結局ディープ・ステート、軍事産業に阻まれてしまったということでしょう。軍事産業が、アメリカ軍のアフガン駐留の継続を望んだのです。

ビン・ラディンを捕まえるということから始まったアフガン戦争が、アフガンの国造り、和平構築という任務に挿《す》げ替えられてしまいました。

オバマ政権のなかではバイデンはアフガン問題は早急に終結すべきだという立場だったと思います。しかし、彼は大統領ではないので、最終的には自分に決定権はない。進言しても、大統領が別の決断をしたら、通りません。

アメリカ国内でメディアが大騒ぎするには、三つの理由があります。

第一は、軍事産業から広告費をたくさんもらっていること。また、軍事産業の代表、またはディィープ・ステートの代表がメディアによく登場し、自説を開陳しています。つまり、彼らの商業的理由、あるいは思想的理由から、撤退を批判しているわけです。

第二に、とにかく騒ぎ立てたいから（笑）。これはメディアというものの業のようなものです。

第三に、一番うるさくバイデンを批判しているのは、ＦＯＸニュース。これは、完全に思想的な立場の違いからの攻撃です。

半面、一般国民はそんなに大騒ぎしていません。バイデンの支持率がちょっと下がったということはありますが、その理由はアフガン問題というより、経済やその他の問題と思われます。国民の大半は昔からアフガン戦争には不満を持っていて、撤退することに賛成していた。撤退過程で失敗と思われるものに対して怒っているようですが。

たぶん、どんな撤退・撤収でも、なんらかの問題は生じる。西村先生が考えたのは理想的なシナリオですが、そのシナリオ通りに本当に巧くいくのかということは、正直疑問です。撤退の仕方を批判するより、出口戦略がない介入の仕方や、米国民を騙《だま》す楽観主義の統治の仕方のほうが罪は大きいと思う。

つまり、撤退・撤収の方法を記載していないアフガンの介入計画こそが問題だと見てます。撤退の際、問題はいくらでもあったと想像できます。でも、私たちは現地にいたわけではない。政府の内部にいるわけでもない。だから、本当のところは、詳細な資料が出てこない限りはわからないわけです。したがって本来批判には自ずと限界があると感じます。終わった話なので、教訓として資料を全面的に公開すべきだと政策系の歴史家である私は、アメリカ政府に求めます。

ロイターのスクープについては、内容はアフガン撤退という大きな流れのなかの一場面に過ぎない。それよりも、大統領同士の会談、記録、あるいは音声がリークされるということ自体が、大変ショッキングで、ものすごく大きな問題です。

ホワイトハウスで何が起きているのか

西村　私も最初にロイター電のスクープ記事を読んだとき、真っ先にそれを感じました。内容はバイデンだからあり得ることだけど、ホワイトハウス内部か米国の情報機関からリークされたので、かなり深刻な状態だと思います。アメリカ大丈夫か？　ということです。バイデンさんの統治能力への疑問だとか、あるいはメディアに対して嘘をついていたということも驚いたのですが、大統領間の秘密の電話の内容がリークされたこと自体が異常なことだと思うのです。ホワイトハウスの高官か情報機関でなければ、リークできないことでしょう。

しかし、先ほどエルドリッヂ先生がバイデンの失敗に「一般国民はそんなに大騒ぎしていません」とおっしゃったことには異論があります。特にテロで亡くなった十三人の遺体がデラウエア州の空軍基地に帰ったときから、かなり批判が大きくなりました。

空軍の空港で十三人の遺体を迎えたとき、バイデンは腕時計を見た。いつ終わるのか、という彼の気持ちが表に出て米国ではそれが大騒ぎになった。しかもバイデンとの面会を拒否した家族も二家族です。それに後でわかったのは、十三名の戦死した遺族に面会する場面でも腕時計をしきりに見た。明らかに認知症と思われる行動を公の場所で繰り返し、今はアメリカンフットボールや野球のスタジアムで観客がバイデンを卑猥な言葉で批判するコールを繰り返しています。

さらにミリー統合参謀本部議長が昨年トランプに無断で人民解放軍の将軍にアメリカの戦略をリークしたことがボブ・ウッドワードとロバート・コスタの『PERIL（ペリル）危機(*peril*)』の中で明らかになった。シビリアンコントロール違反だし、国家反逆罪に問われるようなことを行っています。

エルドリッヂ　だから、アメリカは大丈夫ではないのです（笑）。こういうことが、トランプ政権のときにもありました。たとえば、ロシアのプーチンやウクライナの代表とのやり取りがリークされたり。

問題はディープ・ステートが、民主主義の手続きで国民から選ばれた代表を、政府の内部から攻撃しようとしていることです。これは極めて危険なことだと思います。もちろん、二〇二〇年の大統領選自体が不正の産物であり、私は本当の意味でバイデンが国民から選ばれたとは思っていませんが、それはまた別の問題です。

西村　ある意味政権内のモラルというか、そういうものが崩れてきているのではないかと危惧《きぐ》します。

エルドリッヂ　それを超えています。ディープ・ステートが、大統領の出した結論を覆そうと画策しているわけですから。特にトランプに対しては最初から軍事産業やディープ・ステートが、ずっと内戦を展開していたのです。

これは、民主主義そのものに対する、文民統制そのものに対する大きな挑戦です。

西村　つまり合衆国憲法が想定する議会制民主主義の統治による国家権力と違う権力が、アメリカが建国以来培ってきた民主主義のルール、伝統、文化といったものを全部ひっくり返そうとしているわけです。要するに、ディープ・ステートによるテイクオーバーですよ。隠れた権力による簒奪《さんだつ》。トランプを攻撃していたものが、今度はバイデンへの攻撃に向かった。これは大きな転換点になるのではありませんか？

エルドリッヂ　まさにおっしゃるとおりです。

中国共産党とディープ・ステートが手を結んでいる⁉

西村　そうすると、別のシナリオが見えませんか？　ディープ・ステートというものは、CCP（中国共産党）の意向に沿っている可能性があるのではないか。

つまりこういうことです。アフガン撤退がスムーズに行われてしまうとアメリカは対中戦略に注力できる。これを妨げるためにはアフガン撤退が混乱していたほうが中国共産党にとっても都合がいい。そこにディープ・ステートとCCPの利害の一致があった。

それと、バイデン政権がモタモタ失敗ばかりしているイメージを植え付けたいという目論見もあったでしょう。すかさず中国共産党は「民主主義は死んだ」などと宣伝に明け暮れています。

エルドリッヂ　中国にとって、アフガン問題の終結が遅れ、アメリカの矛先が中国へ集中しないようになることは確かにメリットがあります。ただ、それがディープ・ステートと結託してのことかは何とも言えません。

中国に関しては、いろいろな見方があると思います。

少なくとも表面的には、アフガン撤退は「アメリカの敗北」としてアメリカの威信を大きく傷つけたことは間違いありません。しかもアフガニスタンにとっても大きな権力の空白を生んでしまった。私の海兵隊や米海軍の先輩たちは、そのことをとても心配しています。これは、かなり説得力がある議論です。

だけど、そういう意見に対して、私は二つの反論を持っています。反論のための反論ではなく、アメリカにとって有利か不利かはまだ確かではないという意味の反論です。

一つは、中国共産党は過去の歴史を相当勉強している、ということです。「帝国の墓場」と呼ばれる通り、アフガニスタンではアレキサンダー大王をはじめとして、イギリス、旧ソ連、そして今回のアメリカと多くの帝国が火傷をしてきました。

中国はその歴史を学んでおり、同じ轍《てつ》を踏まないようにすぐに軍事介入するような真似はしないかもしれない。むしろ中国は、より長いスパンで状況を見ているのではないのか。あの国は百年待つことだってできます。したがって米国の後釜《あとがま》を狙《ねら》いアフガニスタンに進出することはしないのではないか。

短期的には経済的な進出に止め、鉄、銅、リチウム、コバルト、レアアースなどの地下資源を狙うでしょう。アフガニスタンはアヘンなどの麻薬の産地としても盛んです。トランプ政権もこの地下資源を目的に早くからタリバンと信頼関係を築こうとしました。これにはアフガニスタンから中国を排除するためにやっていた側面もあります。

もう一つは、アメリカにとって決して悪くないという反論です。アメリカはアフガン戦争の約二十年間で一兆ドル（約一一〇兆円）という巨費を投じたことが報道されている。しかし実際は利子のためにこの六、七倍の費用がかかっています。これは私の子供たち、あるいは孫の世代まで負担しなければならないほどの金額です。

中国にとって、これほどありがたいことはありませんでした。なぜなら、アメリカは自らずっと血を流しつづけていたようなものだから。したがって、アメリカにアフガンをコミットさせておくことが、中国にとっては大きなメリットになるわけです。

しかも、アフガニスタンは山岳地帯であるため、地上部隊による攻撃を中国は心配する必要はない。だとすると、米国のアフガン撤退は中国にとってはデメリット、少なくとも言われているほどのメリットではない、という見方もできます。

もちろん現時点で何が正解なのかはわかりませんが。

西村　そうですね。現在のアフガニスタンの混乱は、メディアが単純に伝えているよりは複雑な事情があるということを二人で確認できました。まだ真相ははっきりしない。

アメリカは歴史に学ばない国

西村　ただ、撤退の具体的な戦術というか、ノウハウの問題でいうと、広大なバグラム空軍基地を手放したのはまずかったと思いますよ。これは多くの共和党議員が指摘している。あの空港を使って、有志連合を結成すれば、全員救出できたのではありませんか。

エルドリッチ　私は歴史家なので史料実証主義の立場をとっています。したがって、政治的な目的からの政府批判は素直に信じることができませんが、客観的に見た場合、理想的な展開としては、バグラム空軍基地も撤退するまで施設を管理し、撤退時に施設の鍵を渡す、という流れがよかったと思います。

また、カブール空港という国際空港が、政府が崩壊することで、かくも大混乱に陥ってしまったことに驚きました。どれだけ脆《もろ》い政権だったのか、と思わざるをえません。これは大きな問題だと思っています。NEO（非戦闘員退避活動）という作戦は、厄介なものです。混乱したなかで、現地の人、外国人が混ざり、治安部隊より人数が圧倒的に多い。病気している人もおり、食べ物、飲み物もなく、泊まるところもない。しかも武器を持っているか否かわからない。テロリストが正に狙う状況です。

私はバイデンを嫌いですが、二十年の歴史があるものをすべてバイデン政権に責任を負わせるわけにはいかない。

ただし、誰かが責任をとらなければならないこともまた事実です。だから、検証が必要なのです。

でも、残念ながら同じ失敗をまた繰り返しますよ。アメリカは歴史から学ばない国なので（笑）。ベトナム戦争もまったく同じ終わり方でした。今、実は軍の幹部に対して右のメディアや軍のOB、そして軍のなかからも猛烈な批判があります。（私が沖縄で経験した）事なかれ主義、政治家の顔を窺《うかが》う態度も同じです。

また、今回の「戦争」は憲法第一条で定めている議会による戦争宣言がなかったのですが、ベトナム戦争もそうでした。武力行使の決議はあっても、とにかく議会は権限を放棄しています。そして、ベトナム「戦争」は民主党によって始まり、共和党によって終焉《しゅうえん》させ、今回は、共和党によって始まって民主党によって終わらせました。

アメリカの「建国の精神」は敗れたのか

西村　歴史家としての立場というのは本書にとっても重要な指摘です。それは私も同じスタンスです。本書のテーマにはやはり歴史的な視座が大きく関わっていますから。

そこで、ある論点をエルドリッチさんに提起してみたいと思います。

この度のアフガン撤退はベトナム戦争のときよりも、もっと、もっと、大きな意味があるのではないか。米国一国にとどまらず、民主国家である西側社会にとって大きなダメージを与えている。それとともに、アメリカという国の「建国の精神」そのものに対しても、大きな打撃を与えたのではないかと思えるのです。

アメリカの考える民主主義を世界中に広めていくというのが建国の理念なのだとしたら、それが明らかに挫折してしまいました。一七七六年以降、十八世紀からのアメリカのこの理念が、現在の西側社会というものを構築してきたことは間違いない。もちろん日本も同盟国であるし、ある意味、その価値観を共有していると言っていいでしょう。

エルドリッヂさんのおっしゃるように、アフガニスタンの特殊性を考慮しても、そのように大切に思っていた価値観の通用しない場所があったということが、二十一世紀になって、それも二十年もかけてはっきりと証明されてしまった。一方、アメリカ国内ではキャンセルカルチャーだとかBLMといった、新しい文化大革命的な——私にいわせれば一九六〇年代末期のラディカリズム、当時世界中を覆っていた古いラディカリズムが、アメリカ国内に蔓延《まんえん》していることが重なって、変なリバイバルな雰囲気を感じるのです。

こういう状況を考えると、文明論的にも歴史的にも、今アメリカが非常に難しい立場にあるのではないかと考えています。私はアメリカのそういう理念は、マーク・レビンが最近書いた『アメリカン・マルクス主義（*American Marxism*）』で紹介した今のアメリカ左翼の考えと近代主義、啓蒙主義という点で似通ったものだと考えています。

それに対する、エルドリッヂさんの見解をお訊きしたいです。

エルドリッヂ　まず、アメリカの理念についてですが、これも時代によって変化してきている面がありますます。また何がアメリカの理念であるかも意見は分かれるのではないでしょうか。

たとえば、ワシントン大統領の離任挨拶《あいさつ》で「友好関係をすべての国々と持ちたいけれど、その国がどのように発展していくかは、その国次第」というスタンスをとっていました。あらゆる国に対して誠意を持ち、公正であれといいながらも、いかなる国とも長期間の友好関係や競合関係は避けるよう勧めています。

また、私が非常に尊敬している二十世紀の歴史家で政治学者の外交官、ジョージ・ケナンは「いくら相手の国に自分たちのようになってほしいと思っても、その国にはその国の歴史、伝統、文化があるのだから、自分のイメージに変えようとするのは無理である」と言っている。

私はこういう考え方のほうが、本来のアメリカの理念だと思う。

戦後、あるいは十九世紀後半の宣教師たちが海外に進出することによって、その理念が大きく変わりました。

西村　ケナンの考え方は一種のリアリズムです。

エルドリッジ　そうです。何が真の国益か否か、できることとできないこととを常に考えていました。彼は国際政治における日本の存在を高く評価していた。余談ですが私は彼を大変評価していて、息子の名前を「ケナン」にしたほど大好きでした。晩年に交流もあり、息子に名付けることを手紙で伝えました。彼は（私のように）とてもセンシティブな人でした。ですが、感情ではなく、深い知見、勉強と体験に基づき、理性的に分析をした。彼のプリンストンの家で、「貴方は私ととても似ている」と手を私の肩においてそう言ってくれました。

話を戻すと九・一一の後にウサマ・ビン・ラディンを捕まえる、絶対に処罰するということに反対する人はほぼいませんでした。だけれども、アフガニスタンに腐敗がない民主国家を再構築するという失敗に終わるのが目に見えた試みは、全然別次元の話です。実際、この方針にかなり疑問を持つ人は少なくありませんでした。そういう人がいればいるほど、実現は難しい。

実はこれはかなり早い段階からわかっていたことでした。二〇一九年に公開された「アフガン文書」によると、アメリカの歴代政権がアフガニスタン戦争の劣勢を隠蔽《いんぺい》しつづけたことを指摘しています。

ベトナム戦争の「ペンタゴン文書」のように、これを読むとなぜこの戦争を戦っているのか、誰が敵で、誰が味方なのかさえわからない戦いであったことがよくわかります。

軍事作戦が成功をしていることを、アフガンを視察する政治家、メディア、国民に対して捏《ねっ》造《ぞう》されたデータを示し成功を偽っていたのです。「あともう少しで巧くいく」とか「来年の春にはなんとかなる」というように。でも、その嘘を誰も信じていませんでした。

アメリカでは、説明責任、透明性、知る権利といったもう一つの理念が忘れられています。これらがなければ、民主主義は成り立たないのに。

ですから、アメリカ政府は海外で民主国家をつくるより、まず自分のところできちんとしてほしい。

意思決定において、軍事産業があまりにも力を持っていることが問題。今回のアフガニスタン撤退において、あんなにもメディアが大騒ぎしているのは、冒頭でも言ったように、相当力のある軍事産業のサシガネでしょう。アフガンに残ること、再介入すること、いずれは儲《もう》かると。

アイゼンハワー大統領は、ちょうど六十年前に離任の挨拶で、「軍事産業は恐ろしいものなので、気を付けるように」と、言っています。

だから、西村先生がおっしゃる以上に、このアフガン戦争・撤退から見えてくる課題は非常に多いと思います。

西村　闇《やみ》は深いですよね。単なるバイデン政権の批判などというものではなくて、もっともっと深いものがあると思います。やっぱりこの二十年間のアフガン戦争によって、軍事産業は莫大な利益をあげているのではないですか。

それと、今おっしゃったアイゼンハワー大統領の言葉というのは、非常に含蓄深くて、それは彼が軍人だからこそ、たぶんわかったのでしょうね。おそらく、まったく軍人でない大統領で、軍事産業からお金をもらっているような人だったら、とてもそんなこと言えないでしょう。

アメリカの生き血をすする軍事産業

西村　詳しくは本文に当たっていただくとして、本書のポイントとして、今アメリカでしきりに言われている分裂ですが、これは喧伝《けんでん》されているような左右のイデオロギーではなく、超格差、つまり上位一％の支配層と、その他九九％の国民との分裂こそが真の問題であるということです。その図式に今回のアフガン戦争における軍事産業の発展と、孫の世代まで負担を負わなければならない国民という図式がここでまた重なっています。

そこでいみじくもアイゼンハワーが警告した軍事産業が表立ってきた歴史のポイントがあるかと思いますがいかがでしょう？　軍事産業の腐敗はずいぶん古くからあるのではないですか。

エルドリッヂ　アイゼンハワーがその原稿を書いたのは、一九六〇年の暮れごろですから、すでに一九六〇年には、大統領が警告するほど、軍事産業が発展していました。ということは、そのずっと以前から存在していた問題であったわけです。

たとえば、トルーマン大統領が上院議員であったころ、彼が一番関係していたのは、軍事産業の問題を調査する委員会でした。軍事産業がいかに政府を騙しているのか、予算を正しく使っているのか、を検証する「トルーマン委員会」です。実際に様々な不正使用が発覚しました。悲しいことに。

つまり、少なくとも、第二次世界大戦のときには、こういう問題があったわけです。

さらに、私が沖縄時代に勤めていたのは、キャンプ・バトラーという基地でしたが、その名前の由来になったスメドレー・バトラー少将は、退役後に反戦運動家になり、一九三〇年代に『*War is a Racket*（戦争は儲けるための商売だ）』という冊子を出版しています。「Racket」はこの場合、「詐欺」という意味です。戦前にも軍事産業の問題があった、ということです。

だから、軍事産業の問題は、近代社会になってからずっとついて回っていると言えます。

しかし軍事産業が非常に力を持つようになったのは、おそらくこの三十～四十年間。兵器がどんどん近代化することによって、ものすごくお金がかかるようになりました。

七〇年代後半は軍縮の時代でした。ベトナム戦争の終結によって、縮小しようとしていまし

近隣諸国との兵力比較

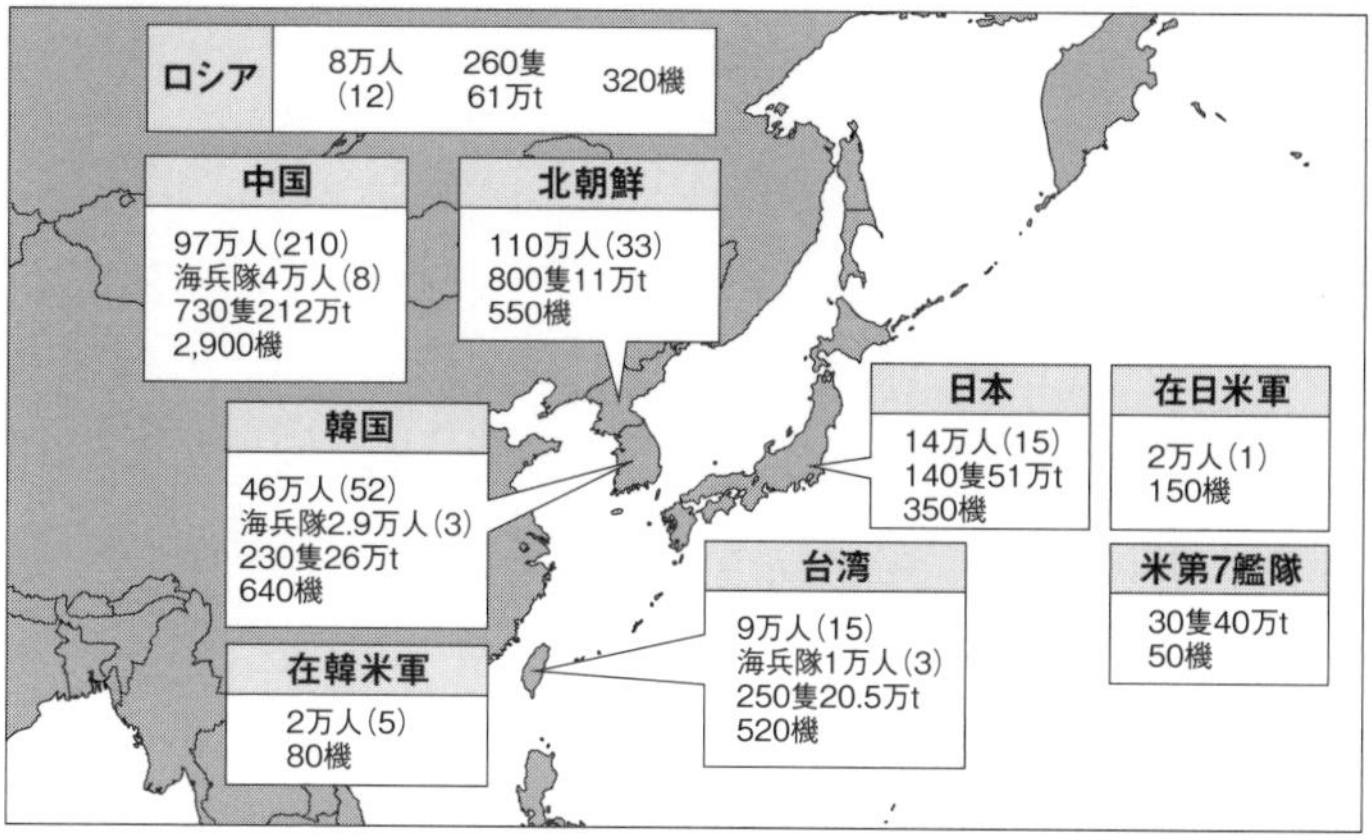

（注）1　資料は、米国防相公表資料、『ミリタリー・バランス（2021）』などによる。
2　日本については令和2年度末における各自衛隊の実勢力を示し、作戦機数は空自の作戦機（輸送機を除く）および海自の作戦機（固定翼のみ）の合計である。
3　在日・在韓駐留米軍の陸上兵力は、陸軍および海兵隊の総数を示す。
4　作戦機については、海軍および海兵隊機を含む。
5　（　）内は、師団、旅団などの基幹部隊の数の合計。北朝鮮については師団のみ。台湾は憲兵を含む。
6　米第7艦隊については、日本およびグアムに前方展開している兵力を示す。
7　在日米軍および米第7艦隊の作戦機数については戦闘機のみ。

出所：令和三年度版「防衛白書」

た。それが、レーガン政権になると、軍の予算がまた増えたのです。

　一九六〇年代に、ジョンソン大統領は「偉大な社会」を政策として挙げていましたが、同時にベトナム戦争を行っていた。結局のところ、国内と国外の両方においての大プロジェクトを同時実施することは不可能です。ベトナム戦争ではなく、国内問題に力を入れていたら、いかにこの半世紀が違っていたかを考えると、残念に思います。

　米軍には、五万人以上の死者がいましたが、負傷し、そして精神的ダメージを負い、麻薬依存、人間関係などなどで人生がダメになった人はその一〇倍、もしくは五〇倍。また、現地の方や隣国のラオスやカンボジアでも多くの犠牲者がでました。

アフガンも同様で、二四〇〇人の米兵が死んでおり、二万一〇〇〇人の人たちが負傷しています。精神的、経済的破綻《はたん》の数字はまだでていない。死者が少ないと、ほっとしている人はいるかもしれませんが、毎年、三万人の米兵が自殺をしている。また戦闘から戻って精神病になって、家族や他人への暴力を加える人も少なくありません。

ベトナム戦争の激化と同じ時期ですが、軍事産業の会社が統合により巨大化した。大手航空機製造会社のマクドネルとダグラスは、以前は別々の会社でしたが、一九六七年に合併してマクドネル・ダグラスになりました。その他にも、統合や合併を繰り返して、サイエンス（科学）とウォー（戦争）とビジネス（商売）が一緒になってどんどん大きくなっていった。

日本は明治維新以降、「富国強兵」を目指して、第二次世界大戦中まで社会福祉と国防のバランスはほとんど維持できましたが、アメリカはその均衡を完全に失った。当時の日本は富国を優先しました。今のアメリカは強兵。「強兵貧国」です。それでは持続不可能。

この先、日本が「貧国弱兵」にならないよう、祈っています。

さらに、天下りがものすごく激しくなってきています。それはもう、信じられないほど多い。

西村　天下りはペンタゴンから？　あるいは国務省から？

エルドリッヂ　両方ですが軍から、軍事産業に入ることが多いですね。軍のOBのかなりの数が軍事産業に入ります。

西村　それは、非常に興味深いエピソードですね。

そういう流れがわかると、今回のアフガン撤退における歴史的位置づけというのも見えてくるものがあります。

エルドリッヂ　たとえば最近、沖縄勤務の経験もある国務省のOBが、大きな軍事産業の日本社の副社長として赴任してきました。いい人ですが、特別に優秀だとは思いません。

今から十六年前の二〇〇五年、当時大阪大学で勤務していた私は、海兵隊普天間《ふてんま》基地を辺野《への》古《こ》へ移設する案に反対し、その代案を出しました。私が反対した理由は、完成予定とする二〇一四年など到底達成できないし、莫大なお金を使い、政府と沖縄の関係が悪化することを懸念したからです。

私は自分の意見を雑誌、新聞、講演会などで発表しました。

あるとき、海兵隊第三遠征軍の司令官である中将にブリーフィングした際に、前述の国務省OBと意見が対立したことがあった。当時那覇の総領事を務めていた彼は、私が否定した案で進めようとしていた。しかしこれには中将も疑問に思っていました。私は彼に、「賭《か》けてみよう。計画通り完成すると思いますか」と問うたら彼は「思わない」とはっきり認めた。とても恥ずかしかったと思いますが、現場主義の私には自信がありました。そういう人が副社長に就いています。

しかし、この話はどちらかと言えば、日本政府の大失敗です。辺野古への基地移設は四十年間かかり、全体予算は当初の十数倍かかる。意味のない、使えない基地のために費やしたお金を自衛隊のために使っていたらどんなに良かったかと思います。一九九六年の合意から、防衛大臣は四〇名ほどいましたが、いったい誰が責任を取るのでしょう。

ところで、先日、ネットで、約十年前にニューヨーク・タイムズの記者をしていた人の講演を聞いたのですが、これが非常に面白かった。

今の将校たちが昔と何が違うかといえば、今はほとんどクビにはならないけれど、昔はよくクビにされたことだと。人間的に問題があるとかではなく、作戦上望ましい人を任命するために、どんどんクビにしていた。今は、基本的に交代しない。だから、変な意味で失敗が許されている。みんな、交代させられるのを怖がっているので、勇気ある行動もしない。だから、軍全体が非常に「事なかれ主義」になっている、と彼は指摘していました。

私も、海兵隊時代、彼が指摘したようなことを経験しました。

本当に尊敬できる上司があまりいませんでした。かなり事なかれ主義になっていました。

このエピソードは本に書いたのですが、二〇一五年の三月四日、ちょうど私が沖縄の映像を公開すべく担当者から映像を受理し、沖縄の保守系のメディアに勤めていた友人に渡した日のことです。自衛隊の那覇基地で主要な自衛隊の幹部と海兵隊のトップである中将と陸軍、海軍、空軍それぞれの代表――要するに、日米の南西諸島の防衛に関する意見交換のような場に私は通訳として出席し、中将の隣に座っていました。

そのとき、自衛隊の代表の一人は、中国と日本は「今、もうすでに戦争のような状態です」と発言した。すると、彼と反対側に座っていた三つの星を持つ中将の肩がかすかに揺れた。隣にいた私はその微妙な動きを感じ、うんざりしたのを覚えています。世界一の軍隊であった海兵隊は自衛隊になって、戦う意志が高まってきた自衛隊が海兵隊になった日だ、と。

つまり、サラリーマンである自衛隊は実戦を知らないということで本当の軍人ではないとみなされていた。米軍はずっと以前は戦う意志があり、実戦の経験が豊富だったのですが、近年は著しく事なかれ主義で、第二次世界大戦以後は、戦闘で勝っても戦争で勝っていない。

それで、揺れる中将を見て、「ああ、アメリカはここまで落ちているのだなあ」と思いました。

西村　それは、日本人は勇気づけられます。エルドリッヂ先生と同席していた自衛隊の幹部の方が素晴らしい軍人だったので、よけいそんな対比を感じたのかもしれませんね。

エルドリッヂ　沖縄でもう一つの経験を紹介します。軍人には勇気が必要。もちろん、賢くなければなりませんが、知識より正義感が大切。どの仕事でもそうですが。私が沖縄にいる最後の二、三年は、上司に「とにかく無事に帰国したい。司令官も無事に帰国させたい。問題を起こすな！」と何回か言われた（笑）。だけど、彼らは、一回限りの日本勤務に過ぎず、私はずっと日本にいる。日米同盟は、「私のアライアンス」と強く思ったので、間違いだらけのメディア、暴力的な活動家などに向けて言うべきことは言わなくてはいけません。ひどく火傷してしまったが、日本国民にその正体をお見せできたと思います。司令官によって感謝され、昇格できると思ったら、沖縄のメディアの圧力でクビになった。

でもそのお陰で、その直後、西村先生との出会いでした。不幸のなか、いいこともあるかな（笑）。

西村　私にとってもいい出会いでした。アメリカ人のサムライと知遇を得たのですから……。エルドリッヂさんは沖縄メディアの偏向報道をどう正そうかと苦心していた。それで、辺野古の米軍海兵隊基地につめかけたデモ隊が立ち入り禁止エリアに侵入したのに侵入していない、不当拘束だと主張し、メディアもそう報道していた。それでエリドリッヂさんは海兵隊が撮影していた防犯カメラの映像を職を賭《と》して信頼できるジャーナリストに渡したんです。

第一章

民主党も共和党も変わらない米国の闇

西村　エルドリッヂさんとはこれまでシンポジウムやネット番組で何度かお会いして議論をしてきました。それで感じたのは、非常にフェアな方だということです。

エルドリッヂさんは日米関係の歴史学者であり、政治学者であると同時に、国防総省の海兵隊政務外交部次長も務められました。

二〇一一年に起きた東日本大震災の際には、「トモダチ作戦」を立案され、仙台空港の復旧などに当たられています。仙台空港の復旧を日本政府が一年と見積もっていたのをたった一週間で成し遂げた。

エルドリッヂ　空港は水に浸かっていた状態だったので、われわれが提案したときには「どうやって復旧するんですか？」と。これは海兵隊、というより普通の国の軍隊と日本のそもそもの発想の違いですが、空港には滑走路が通ればいい。もともと海兵隊は遠征を前提にした組織ですから、平坦な場所さえあれば滑走路になり、ラジオがあれば航空管制もできる。

それが日本だと立派な管制塔、素敵なターミナルビル、きれいな滑走路という具合ですから一年かかってしまう。

西村　ようするに戦場では、場所さえあればすべて空港になり得るという発想なんですよね。ところが、日本人はあの憲法のせいで自分たちには戦争がないと思っているから、政治家とメディアだけでなく、日本人全体がそんな妄想を抱いています。だから、そういう発想が前提にない。非常に危険です。

エルドリッチ　そう。防災副大臣の東祥三《あずましょうぞう》先生が担当でしたがそう説明したら驚いてました。でもすぐに理解して指示を出してくれました。とても尊敬しており、今でも交流があります。

西村　仙台空港はロジスティックスの要なので日本は非常に助かった。これは自衛隊だけではできないことでしたから。

エルドリッチ　できないというより、その発想の問題。そして、被害が北海道から千葉・東京まで広域にわたってその余裕がありませんでした。だから、米軍がその役割を果たせたのは、よかったと思います。トモダチだから。

日本のメディアが米国の真実を報道できない理由

西村　本書では「侵略される日本――暴発する中国と敗走する米国」というテーマで日米関係と今後二十一世紀の世界はどうなるのかについてお話をしたい。特に安全保障の観点から世界のなかでも米中覇権の最前線となった東アジア情勢について、日本とアメリカはどう向き合っていけばいいのか、いろいろと議論できたらと思います。

まず、分裂著しいアメリカの国内情勢ですが、今アメリカで何が起きているのかが、日本にいると見えない。しかし、世界を見るうえで、第一に知らなくてはならないのはアメリカ情勢であり、アメリカ政府が何を考えてどう行動するかです。日本では中国のことは比較的情報が入ってくるのですが、アメリカの本当のことはよくわからない。先の米大統領選挙でそのことが露呈したわけですが、エルドリッヂさんは日本のメディアを問題としていますね。

日本ではトランプを支持したり、大統領選挙の不正をいうと「陰謀論者」とレッテルを貼られますが、主流メディア以外からアメリカの情報を得ようという人たちは多い。

ですから、本当に、エルドリッヂさんが教えてくれるような情報が、日本人の情報飢餓を満たす役割を果たしている。

実際、びっくりしたのは、私のツイッターのフォロワーの数が大統領選を機に一気に二万人も増えて、その後も減っていない。

エルドリッヂ　どこまで役に立っているのかわかりませんが、メディアのいうことに対して疑問を持ち、確認する必要があります。大統領選挙に関する日本の報道は、輪をかけて酷かった。なぜなら、アメリカに派遣されている日本の主要なメディア、ＮＨＫをはじめ大新聞の駐在記者たちは、基本的にワシントン、ニューヨーク、ロサンゼルスといった首都や大都市にしかいない。そして彼らは、独自の人脈をほとんど持っていないからです。

結局、アメリカの主要なメディアから情報をもらって、それをそのまま伝えるか、歪《ゆが》めて報じているのです。アメリカのメディアのフィルターを経て、日本のメディアのフィルターを通してくる情報となります。

日本のメディア独自の取材が、非常に少ない。日本の報道を見ていて、そういう感じを受けました。私の学生の一人が、NHKのワシントン支局に勤めているのですが、その報道があまりに偏っているのでメールで注意したことも少なくありません。より正確な情報源や取材先を助言しています。

西村　トランプに対する報道は本当にひどかった。産経新聞ですら不正選挙を訴えている支持者を「願望」に支配されていると批判して、保守派からもバッシングを受けたほどです。別にトランプを擁護しろと言っているのではなく、不正選挙を訴えているトランプの言い分をフェアに取り上げればいいのに、それさえほとんどなかったのです。

冒頭でエルドリッヂさんをフェアな方だと紹介しましたが、はじめに言っておきたいのは、エルドリッヂさんはトランプの支持者でもなければ共和党の支持者でもない、ということです。ただトランプ以上にバイデンに大統領になってほしくなくて、不正により当選した事実を批判されている。実際投票は共和党でも民主党でもなく第三党に入れたんですよね。

エルドリッヂ　そうです。二〇一六年のときも、トランプではなく第三党に入れました。なぜ、そうなのかは後で詳しく話しますが、ただ、トランプが当選することは七月の時点でわかりました。

それは民主党の予備選のときに、サンダースが負けたからです。本当はこれも不正選挙によるヒラリー・クリントンの勝利に過ぎず、サンダースが敗北後クリントン支持を表明して、表向き民主党は団結したようにみえた。

だけれども、民主党のなかの旧サンダース支持者は、絶対にクリントンには投票しない。そこで民主党が割れてしまった。

アメリカでは――本当はそうではありませんが――国民の半分は民主党、半分は共和党と言われている。だとすれば、単純計算でクリントンに投票するのは国民の半分の半分で、クリントンは大統領にはなれない。

対して共和党は、たとえトランプが好きではなくても団結する。だから、トランプが勝つことが、七月の時点でわかったのです。

その一方で、メディアがずっと、全然違う報道を続けていたことは大統領選後周知の事実となりました。だから私は、トランプに入れたわけでもないのに彼が大統領選で勝ったときに、ほっとしたのです。

クリントンには絶対に大統領になってほしくなかったし、自分の分析が正しかったことが証明されたからです。

今回の大統領選挙でも、第三の政党に投票しましたが、それでもバイデンには負けてほしいと思っていました。なぜなら、バイデンが大統領になっても何も良くならない。むしろ悪化する可能性があります。

予測不能のトランプに比べると、バイデン政権なら国民は安心するという側面はあるかもしれません。ですが、政治家や役人は、依然として汚いことをするでしょう。そうした不正によって、アメリカの国力はどんどん減っていきます。

トランプは、そういうところを大胆に改革しようとした。もしかすると彼のやりかたは、通常よりも良いのかもしれないと、私は思っていました。

だから、今回の大統領選の結果には、極めて不満があります。

メディアが「なぜ」報道しないのかを読み解くのが大事

エルドリッヂ　そもそもアメリカのメディアがバイデン政権を誕生させたので、そのバイデン政権に不都合なものはよっぽどの理由がない限り報道しません。

ＣＮＮの編集会議の録音テープが出回って世間を騒がせました。同社のジェフ・ザッカー社長が「トランプをまともではない人物のように報じろ」と指示した音声がリークされた、かなり衝撃的な内容です。
また、メディアだけでなく、GAFA（グーグル、アップル、フェイスブック、アマゾン）に代表される巨大IT企業までトランプ落選キャンペーンに加担していました。ツイッター社は「ハンター疑惑」を追及した記事へのアクセスを禁止しました。

西村　ツイッターとフェイスブックがトランプのアカウントを凍結したのには驚きました。自国の大統領のですよ。ここまで露骨に言論弾圧するとは思ってもみませんでした。

エルドリッヂ　主流メディアや巨大IT企業の、他のネットメディアに対する弾圧は、それが一つの理由です。

これまでメディアがやってきた様々な不正をバレないようにするために、あるいは視聴者や読者が激減しているので、競争相手になりそうなメディアを潰《つぶ》そうとしている。

メディアの対立はイデオロギー的な戦いでもありますが、むしろ商業的理由のほうが大きいのではないかと思います。

大体、巨大メディアが大きく取り上げている物事は、まず事実と違う。

ですから、その手の報道については、「メディアが報道していることの正反対が正しい」、というふうに見たほうがよいでしょう。

あるいは、「ほとんど報道されていない話のほうが重要である」、という視座で見るといい。

本当に重要なことは報道されず、メディアの思惑通りや都合のよいことばかり報道されている。これが大きな問題として存在しているのです。

西村　情報のすり替えですね。私は日本のメディアの「報道しない自由」については、以前から警鐘を鳴らしていましたが、アメリカも酷いですね。

エルドリッヂ　そう、すり替えが行われています。そういうことが、実はとても多い。私がいつも、授業や講演会でいうのは、「報道されているものや、新聞に出ているものよりも、出ていないもののほうが重要だ」、ということです。

さらに、「何が報道されているか」「何が報道されていないか」よりも、「なぜそれが出されているのか」あるいは「報道されてないのか」の意図を読むことが重要。つまりその報道によって何を隠そうとしているのかを見抜くことが重要です。

それが、メディアリテラシーというものです。メディアを読み解く力を、日本人にはもっと身に付けてほしいと語りつづけてきましたが、こういう状況になって振り返ってみると、自分の国の――つまりアメリカ国民にも、そう言いたいですね。

隠し切れないバイデン政権の腐敗

エルドリッヂ　ただバイデン政権の腐敗については、メディアも隠し切れなくなって少しずつですが、報道されています。

たとえば息子のハンター・バイデンの件です。今秋の十月にニューヨークのあるギャラリーで彼の描いた絵を高額で売り出そうとしているのです。絵画の値段は、比較的小さな油絵は八〇〇万円、大きな作品だとおよそ五五〇〇万円と高額です。言うまでもなく彼はアーティストではありません。アートスクールに通ったこともなければ、有名画家の弟子でもない。今回企画されているものが、はじめての展示会ですよ。

私は作品の写真を見ましたが、正直趣味はまあ悪くはない。だけれども、バイヤーは、作品がいいから買うのではありません。要するにバイデン政権とつながるための「利権」を手に入れる場なのです。

ハンター氏の作品を五〇〇〇万円で買って、大統領に紹介してもらえる、あるいは、連邦政府に働きかける——そういう暗黙の了解があります。

ハンター氏は過去にも同じような利権で問題になっていました。

バイデンがオバマ政権の副大統領を務めていたとき、専門家でもないのに、ウクライナのエネルギー分野の会社から毎月九〇〇万円もの顧問料をもらっていました。オバマ政権が終わると、顧問料が半額になり、その一年後、契約が突然、打ち切られたのです。

バイデンが副大統領時代にアジアを歴訪した際、北京に到着した副大統領専用機の「エア・フォースⅡ」から出てきたのは、バイデン氏と息子のハンター氏でした。国際政治においては夫人を連れていくのが外交の常識。公職についていない息子を連れていく必要などどこにもありません。実際に息子が中国滞在中、いろいろなビジネスを展開していたことが当時からわかっています。

このようなことは今に始まったことではなく、アメリカには三つの賄賂《わいろ》の形式があるのです。政権に入る前の事前の賄賂、政権に入った最中の賄賂、そして政権終了後の事後の賄賂。

事前の賄賂は、将来の政権入りするであろう人物に対してお金をあげることです。たとえば今回、大統領府のインド・太平洋地域を担当しているカート・キャンベルは、中国から講演を依頼されて、多額の報酬を受け取っています。当時は、国務長官になるか、アメリカ国家安全保障会議（ＮＳＣ）の担当になるかわからないのだけど、民主党が勝ったら、必ず政府の中枢になると見込まれていました。いわば青田買いをするわけです。

米国で必ず政権交代があります。いつ起きるかわからなくても、政権が代われば、絶対に闇僚入りする人物に狙いを定めます。そして、実際、政権に入ったら中国に有利なことをする。こういう事前の賄賂は、なかなか経路が見えないので、全貌《ぜんぼう》はわからないことが多いのです。

西村　その点、カート・キャンベルは露骨ですね。

エルドリッヂ　ですから、彼は中国関係の仕事に携わらないことを約束した。ところが、今もやっているのです。

二つ目は現政府の関係者に対する賄賂で、これは一番わかりやすくて、バレたら即刻アウト。三つ目の賄賂は将来の天下り先の斡旋《あっせん》をエサにするものです。この第三のスタイルが、今、ワシントンでは特に進んでいます。これは日本にもありますが。

特に最初の二つは、日本からは見えにくいのではないかと思います。

西村　確かにそうですね、日本からは見えにくいことです。ですからエルドリッヂさんのこのようなご指摘は非常に貴重ですね。実は、ブリンケン国務長官も長年中国とのビジネスに関わっていた。かなり中国と取引きのある企業の顧問だった。ところが、バイデン政権に入ることになると、彼のホームページからその企業との関わりが削除されました。やましいことがなければ削除する必要もない。

世論調査への信憑性がまったくない社会

エルドリッヂ　つい最近、アメリカ現状分析の新しい研究報告によると、二〇二〇年の世論調査やアンケートと、大半の結果が大きく異なっています。
　通常、だいたい四・五％の差であれば、世論やアンケートは信頼される、と言われていますが、今回はそれが大きくそれた。通常許容される誤差を超えて、五％ほどのズレが起きてしまった。
　その背景には、隠れトランプ支持者や、あるいは逆にバイデンに投票すると言ったけれども実際にはしなかったバイデン非支持層が思いのほかいた、ということがあるのでしょう。結果的に世論調査としての信憑性《しんぴょうせい》がますますなくなってしまったわけです。
西村　そういう話を聴くとメディアの信用の失墜とともに、アメリカの分裂はそうとう深刻だと思います。私の想像以上だ。

トランプを利用する民主党

エルドリッヂ　日本では考えられないでしょうがメディアの世論への扇動・洗脳により「トランプ撹乱《かくらん》症候群」（Trump Derangement Syndrome）と呼ばれる患者が出たくらいです。

トランプの名を聞くだけで知的誠実性が失われ、正しい判断ができなくなったのです。

これは、政治的に作られたおとぎ話ではなく、私自身、知人や親戚のなかにもそういう人をたくさん見ました。

たとえば私の親戚も、フェイスブックに「友達よ、トランプ支持者の人は、これ以上、友達ではない（家族も）」と投稿していた。悲しいことですが、このような分断が、家族内や友人同士にも広がっているのです。

というよりもこれは非常に危険な状況でもある。単に「投票行動を責める（Voter-shaming）」だけにとどまらず、表現や信条の自由を許さなくなるからです。まさにファシズムの始まりでもあるのです。民主党の関係者は、トランプ大統領を「ファシスト」と批判しましたが、皮肉にも民主党やその支持者がファシストになった。

たとえば二〇二〇年に広報担当だったカマラ・ハリスはトランプ大統領のツイッターアカウ

ントの削除を呼び掛けたのですが、いくらなんでもと多くの国民が違和感を持ちました。しかしたった一年後にそれが現実になった。アメリカの民主主義はかくも蝕《むしば》まれています。

ですから、いくらトランプを嫌ったところで、彼はアメリカにおける政治と社会の諸問題の現れに過ぎない。問題の本質ではないのです。むしろトランプ批判により真の問題から国民の目を背けさせることに利用されている。自分たちへの真っ当な批判も「おまえはトランプ支持者か」と一蹴《いっしゅう》できるからです。

ファシズムの傾向は、選挙後はさらに酷くなってきてさえいます。

恐るべきことにそれは世論調査の数字にも表れています。

ピュー・リサーチ・センターの調査（二〇二一年七月二十六日〜八月八日）によると、「政府によるオンラインでの言論統制に賛成」している人の割合が民主党支持者で六五％、共和党支持者で二八％と、圧倒的に民主党支持者が多い。三年前の同調査では前者が四〇％、後者が三七％と、三年前に比べて共和党支持者が減っているのに対し民主党支持者では賛成者が増えている。

同様に「GAFAによるフェイクニュースの統制」に賛成する民主党支持者は七六％、共和党支持者で三七％。三年前は前者が六〇％に対し後者は四八％と同様の結果が出ています。

ファシズムの第一の特徴が、政府と企業の協力による統制・監督だということを考えると、民主党支持層こそファシストが多いと明確に言えます。言論の自由を奪おうとしているのは民主党であるという真実は、左のメディアや学者にとって「不都合な真実」なのです。

実際、バイデン氏自身、過激で変な発言が多いのですが、バイデン大統領の周辺では、トランプに投票した国民を批判する発言が続いていました。

たとえば、二〇一六年の大統領選でトランプに敗れた苦い経験を持つヒラリー・クリントン元上院議員かつ元大統領夫人は、米紙「ワシントン・ポスト」に掲載された論文において、一月六日に起きた連邦議会議事堂への突入事件に言及し、トランプの支持者は「国内テロリスト」であるから、追及し、監視するべきだ、と言っています。

彼女は一六年の選挙期間中にも、トランプを支持する共和党有権者を「嘆かわしい(deplorables)」と批判し、大きな反発を招きました。

民主党やエスタブリッシュメントは長年、共和党支持者を「教育水準が低い」「田舎者」「白人至上主義者」などとバカにしてきましたが、バイデンの支持者やメディアによってその傾向はさらに強く、引き継がれているのです。

今も続く不正選挙への追及

西村　今でも不正選挙についての追及は、各州で行われています。

私が知っている範囲では、アリゾナ州のマリコパ郡で大統領選の票監査が大規模に行われました。四月から始まり、九月二十四日に結論が出た。驚くべき内容で、多くの疑惑が確認できました。あの監査ができたことに、私はアメリカ人の復元力を感じましたね。民主主義を壊してはいけない、という一点で多くのボランティアが献身的な働きをしました。

何十万という投票に真偽の疑いがあるわけです。ところがメディアは前日九月二十三日に出された監査結果のドラフト（概要）の一部分だけを報じて、トランプがまた負けたと報道した。左傾旧メディア、主流メディアが全てその報道したので、日本のメディアは恥ずかしいことにそのコピペしか報道しない。だから日本人はフェイクニュースしか受容できないのです。米国では全メディアがそれに同調しなかったのは救いです。

手作業で投票用紙を数え直したら、重複した票や存在しない人の投票、正式な投票用紙でないもの、それらが十万以上あると監査報告書は伝えましたが、主流メディアは一切書かず、再集計したらバイデン票のほうが多かった、トランプは負けた、とバカな報道を平気でしました。

ここまで酷いプロパガンダはないですね。むしろ不正票が大量に確認されたうえで、バイデン票が多いほうが問題です。これから司法がその内容を詳しく調べるという段階に来たわけです。

したがって、今後はアリゾナだけでなく、ジョージア、ペンシルベニア、オハイオ、ウィスコンシンの各州政府でも票監査が始まるでしょう。そもそも旧メディアはあまり報道していないですが、大問題になるでしょう。

エルドリッヂ　たぶん、処分された投票用紙もあります。民主党が平気で法律を破っている。二〇一六年のフロリダ州の予備選のときも、すべての投票用紙が勝手に破棄されましたが、それでも、何も処罰されていない。明らかにフロリダ政府の違反です。

西村　それは法律違反でしょう。とっておかなくてはいけないのでしょう？

エルドリッヂ　そうです。でもたとえば裁判官が民主党寄りの人で、犯人が民主党の党員や幹部だったら曖昧《あいまい》になる。アメリカは今、党派による法律の国になっている。とても危険です。

西村　危険度は日本以上ですよ。その点日本の選挙システムはしっかりしているし、常識的に郵便投票の疑わしさもわかっています。いくらなんでもそこまでにはなってない。

エルドリッヂ　日本の政治よりもアメリカは党派活動の利害で動いています。

西村　だとすると票監査もちゃんと出るかどうかわからないですね。

エルドリッヂ　正直、わかりません。

ただ不正選挙については、少なくとも不正を追及し、「当選した」とされる候補を処罰する必要がある。これまでアメリカは世界最大の民主主義国家として不正選挙には厳しかった。一九八九年のパナマの大統領選で不正があった際、米軍が軍事介入をし、不正選挙を行ったマヌエル・ノリエガ政権を倒した有名な事例があります。

西村　そのアメリカが、なんとも皮肉な状況に陥っているということです。しかも、プロローグで話した通り、アフガニスタンからの大混乱の米軍の撤退は、〈敗走〉と言うほうが正しく、それを中国共産党が宣伝に利用して、「民主主義は終わった」と言った。欧米の民主主義でなく中国共産党の民主主義が正しいのだと言うわけです。

米国の民主主義にいくら不正があっても、一党独裁の全体主義国家より遥かに健全です。ところがそれさえ誤魔化すプロパガンダが行われています。だから、大事なことは、事実をどう認識してどう対処するかということです。

アフガニスタンの撤退を「アメリカの敗走」と言った人は西側にもいます。僕がここ数年注目している英国のジャーナリストで評論家のメラニー・フィリップスがはっきりそう書いていた。彼女はユダヤ人で元左翼だったのですが、この二十年以上は「ＴＩＭＥＳ」（英紙「タイムズ」）の常連として健筆をふるっています。彼女の客観的な視点とユダヤ人特有の宗教観は参考になります。

不正なしでは勝てない政党

エルドリッチ　だいたい選挙でバイデンが勝つはずがありません。もう完全に認知症だし、集会には誰も来てない。かわいそうだとは思いますが……。

しかし、以前サンダースを敗北させたときのように、オバマやオバマのドナー（献金者）たちがバイデンを囲んで、他の候補者たちに無理矢理バイデンを支持させたのです。

実は、バイデン氏に投票した有権者の五八％は「バイデン支持」ではなく、トランプ大統領以外の候補なら誰でもいいから投票したそうです。これを見てもトランプが民主党の役に立っていることがわかります。

前述のように二〇一六年のアメリカ大統領選挙の民主党予備選挙においては、民主党はサンダース候補を落選させるために、私が数えただけでも十六もの不正を行っています。

よく知られている不正の一つは、CNN主催の大統領候補討論会において、同社のコメンテーターで元民主党全国委員会の委員長代行ドナ・ブラジル氏が、事前に質問をヒラリー・クリントン候補に流したというものがあります。

それ以外にも、もっと深刻な不正もたくさんあった。要するに、今の民主党は不正をしないと勝てない政党なのです。

だからもう民主党はヤクザというか、マフィアみたいな組織に成り下がってしまいました。既存の政党にうんざりしている国民が増えているのです。民主党も共和党も嫌だという無党派の人たちが。

たぶん一六年の選挙では四三%ぐらいが無党派でした。今回は、さらに増えたと言われています。二〇二一年二月の世論調査によると、第三党を求めた回答は六二%にも上り、二〇〇三年以来最高の数値をつけています。民主党と共和党が受け皿にならなくなりつつあると言っていいでしょう。実際、第三党が二〇二〇年に誕生しました。「ピープルズ・パーティー」という組織で、これ日本語に直すとあまり良くない……。

西村　人民党（笑）。

エルドリッヂ　でも共産主義ではありません。これから詳しく述べますが、健全な革新系の人たちがほとんど。他にもアメリカには共和党と民主党以外にも複数の政党が存在しますが、この二十八年間は大統領候補討論会にも登壇は許されていない。民主党と共和党が第三の政党が伸びないように、主要メディアと談合しています。多くの政党がある日本と違って原則的に選択肢が少ないのです。

よく冗談で言われていることですが、朝ごはんでアメリカ人が好むシリアル（コーンフレークなど）は百以上の種類があるのに政党は二つだけなのです。

西村　その無党派層ですが、注目すべき世論調査の結果があります。九月に発表されたものですが、無党派層でもトランプの支持率がバイデンをかなり上回ったのです。そもそも、米国の二大政党制というのは、今の日本でいうと、自民党と立憲民主党との対立ではなく、自民党内の「左派」と「右派」の闘いといったところですね。

エルドリッヂ　なぜなら、エスタブリッシュメントの民主党と、ビッグ・ビジネスと関係が深い共和党には大差がないからです。どちらも同じ、現状維持の人たち。違いはといえば、家族が大切かゲイが大切か。今は、マスクをするかしないか。表面的な違いだけです。「Culture War（文化ないし価値観の戦争）」というのですが、その程度。国民がそれと気づかないように、分断させる。まるで巨人か阪神かのプロスポーツの試合みたいに。真の競争のないアメリカの悲しい政治状況です。「未熟な民主主義」と言ってもいいでしょう。

西村　もし大統領選での不正が今後ますます明らかにされれば、二〇二二年の中間選挙に大きな影響を与えると思います。すでにアリゾナは昨年の大統領選挙の選挙人の選出が誤りだったということになりそうです。投票の監査は今後、ジョージア、ペンシルベニア、ウィスコンシン、オハイオ、ミズーリでも行われると言われています。

エルドリッヂ　そうなれば、民主党が割れて人民党にも追い風になる可能性はあります。新しい政党をつくるのは、アメリカにしても日本にしても難しい。日本はたくさんの政党がありますが、多くが既存の政党から分離してできたものです。個人でも集団でも一から立ち上げた政党が多くないことからもそれがわかります。

西村　先ほども言いましたが、そのことに関連して面白い、注目すべき世論調査の結果があります。九月中旬のものですが、無党派層でバイデンの支持率が激減している。無党派層でトランプの支持率がバイデンを上回ったのです。今後アメリカの台風の目になるでしょう。

日本が報じない米国左翼の民主党批判

エルドリッヂ　私はアメリカの民主党を批判するときに、どちらかというと左の情報に基づいて、見るようにしています。民主党に敵対する右からの批判や情報ではなく、むしろ民主党を敵視している左からの発信を情報源にするのです。だから、より鋭く分析できます。「プログレッシブ（Progresivse）＝進歩派」といいますが、彼らからすると、民主党は共和党と変わらない政党になってしまった。「国民のための政党」と言いながら、とんでもない政党だと彼らは批判するのですが、私も同感です。彼らの指摘、批判、分析は、幼いＦＯＸニュースより百倍ぐらい強烈です（笑）。

西村　民主党は言っていることと、やっていることが全然違う。

エルドリッヂ　二〇二一年の四月に、民主党ではまた大きなイベントがありましたが、口先では「国民のためにやっている」といいながら、二〇一六年に当選した人たちの取り組みの効果が、まったく現れていません。

もちろん、民主党左派のなかには無責任な人も多いですが、愛国主義者もいる。私は愛国主義者の左派にかなり注目しています。カイル・クリンスキー、ティム・ブラックといった人たちです。さらによりプログレッシブなのはジミー・ドア、ニック・ブラナです。ニック・ブラナ以外の三者はもともとネット番組を持っていて、それを通じて政治的影響力を持つようになっていました。

西村　左っていろんな概念がありますが、普通はソーシャリスト（社会主義者）とか、マルキスト（共産主義者）という意味です。

エルドリッヂ　私がいう民主党内部の左派や党外の革新系というのは、民主主義を最優先にする人々のことです。

たとえば税金を正しく使っているかどうか、きちんと検証されているかどうかを問題にする。戦争に関しては諸見解があるようですが、原則として反対。防衛戦はやむをえないものとして許容しても、介入的な戦争、外国の政権を倒すためのアメリカの外交は間違っている、という立場です。もともとはそうではありませんでしたが、アフガンやイラク戦争などで政府に騙されて信用しなくなった。これは人道的、道義的な理由もあり、そして、国内の問題に使うべき予算が戦争のためになくなることを懸念しています。プロローグでも述べたようにアフガン戦争はその象徴です。私はその主張は間違っていないと思います。

また、スノーデンやアサンジなどの「告発者」を政府が処罰しようとすることにも反対しています。というのも、情報公開者たちはあくまでも、アメリカが犯した憲法違反を告発しているに過ぎない、と彼らは見ているからです。だからアメリカの違反を公開した、告発者を犯人扱いするのはおかしい、という理論です。私はこの意見に賛同している。

最近ＣＩＡがアサンジを誘拐か暗殺する計画のあることが報道されましたが、これこそ言論の自由の危機そのものではありませんか。

だから彼らは憲法を非常に重視しており、「憲法上おかしい」ことを許さないのです。こうしてみると、日本で議論されている「左」の概念とはかなり違うと思います。

西村　違いますよね。左というよりも、本当のリベラリズム。しかもそれがフェイクリベラルではない。

エルドリッヂ　そうです。抗議のための抗議ではなくて、本当に国のあり方を考えている左派もいるのです。そういう人たちがいることを日本の主要なメディアは報道していない。なぜなら、アメリカのマスコミの多くと民主党がセットになっているからです。

こんなわかりやすい例もありませんが、実際、大手メディアと民主党の関係者は結婚している人が多いんです。したがって、自分を支持する民主党の議員の不都合な情報を取り上げず、その議員を批判する人の主張を紹介したがらない。

日本のメディアや専門家は共和党vs.民主党の図式で報じ、もっぱら民主党によるトランプ批判ばかり取り上げます。しかし、民主党を批判するのは右からだけでなく、左側からの真っ当な批判もある。このことは本書のなかでも声を大にして伝えたいことです。

だから、こうした情報は、たぶん日本では私しか持っていません。右と言われているFOXニュースのお決まりの批判よりも、真の左「プログレッシブ」からの批判のほうが強烈で正確。民主党にとって、右からの攻撃はなんてことはありませんが、左からの攻撃は致命傷になりかねない。左から批判される左（笑）。それこそが、その批判に耐えられない民主党の大問題なのです。それをきっかけに改革するどころか、隠蔽、無視、あるいは批判する人を「Sexist（性差別）」「racist（民族差別）」などと批判する。レッテルを貼られているのはトランプやトランプ支持者たちだけでないのです。

私も沖縄の件で「右翼だ」と抹殺されたことがあるので、今は彼らのやり方をよくわかっています（笑）。

本当のリベラルとは何か

エルドリッジ　私の政治的な立ち位置は、リバタリアンとプログレッシブの間、というか両方の側面を持っています。党で言えば、リバタリアン党（Libertarian Party）と緑の党（Green Party）の間ですが、両党はまったく影響力がない（笑）。とにかく、共和党や民主党のように党是や理念を捨てて、お金のために動いている既存の二大政党は、けしからんと思っています。

実は多くのアメリカ人もそう思っており、有権者の比率で一番高いのは無所属の人たちです。それなのに、両政党が政府、メディア、選挙制度を支配している。大統領選でも第三党の候補は討論会にも呼ばれないことは先に述べましたが、これによって二大政党以外の大統領が誕生しない悪循環に陥っているのです。

二〇二〇年の選挙で、ハワイ出身のトゥルシ・ギャバードという下院議員かつ同州軍の少佐が、「戦争をとにかく止めましょう」と主張した。彼女は予備軍人ですが、「戦争を止めてそのお金を国内投資にまわしましょう」といった。それと同じ意見です。

でも、民主党の人たちがそういう主張もしなければ行動もしません。だから私は、民主党は左というイメージだけの、口だけの政党だというのです。

西村　私がよく知っている渡辺惣樹《そうき》さんという人が書いた『日米衝突の根源　1858－1908』（草思社）という本があります。なぜ日米が衝突したかという歴史を、十九世紀の半ばから二十世紀の始まりまでの期間で分析している。そこに実は日米が一九四一年にぶつかる原因があったという、客観的な叙述なんですね。

これともう一つ、私が以前注目した、ジョナ・ゴールドバーグという評論家がいて、彼は日本ではまったく無名で、日本人は訳さないけども、彼の書いた『リベラル・ファシズム』という本はとても面白いので、近々に、翻訳じゃないけど、解説本を書こうかなと思っています。

この二冊が描く大統領のウッドロウ・ウィルソン像は、とても似ているのですよ。似ているというか、同じ視点で批判している。

結局ウィルソンという人は、アメリカでは理想主義者ということで人気があった大統領ですが、かなりの差別主義者で、しかも日本嫌いでもあった。黒人をリンチで殺すことでも有名な白人優位主義の差別主義秘密結社のＫＫＫとも関係が深かった。そういう要素が実はアメリカの民主党の根底にある。

それがアメリカのリベラリズムというものをリードしてしまったからリベラリズムと言いながら、実は本当のリベラルの精神からは離れていて、むしろファシズムに近い。

そしてそれを最も体現したのがFDR＝フランクリン・ルーズベルトだということが『リベラル・ファシズム』に書かれています。

その辺のことも、エルドリッチさんとお話ししたかった。

エルドリッチさんのアメリカに対しての客観的評価のエスティメーション（Estimation）の基準は、日本では全然紹介されていません。アメリカの本当のリベラル派というか、そういう視点を提供することで、いろいろ見えてくるとおっしゃった。それには、私も非常に賛同します。

大きく三つに分けられるアメリカの保守

西村　日本とアメリカは内情がパラレルになっていると思います。日本も、アメリカも、ぐちゃぐちゃになっている。その状態がパラレルなんですね。

結局日本の左派が問題なのは、反日だからであって別にいわゆる左派であることが問題なわけじゃないのです。左翼だったら問題だと思いますが（笑）。

エルドリッチ　現在のアメリカで、政党や議論がどうなっているのか、このように整理してみました。

アメリカでは「保守」といってても、いろいろあるのですが、一つは経済的なことを重視する「コンサバティブ」。もともと共和党がそういうものでした。イデオロギーではなく、感情論でもなく、あくまで経済の観点を重視し、経済と人間のあり方、あるいは市民としてのあり方を問う。

もう一つは、宗教的な価値観や道徳的な価値観を重視し、さらに自己定義の愛国心が強い保守。これはたぶん二十世紀に入ってからかなり強烈になり、戦後さらに激しくなりました。八〇年代からいわゆる、「モラル・マジョリティー」とか、宗教のリーダーが政治的な発言をするような動きがあったのですが、テレビやラジオを主戦場に、反共主義、反・反核運動を訴える。「アメリカ・ファースト」、聖書の創造説を固く信じ、進化論を否定。また妊娠中絶禁止なども唱えています。

そして、もう一つの保守が「リバタリアン」です。

西村　ロン・ポールですね。

エルドリッヂ　はい、彼らは政策というより、哲学や原則で見ています。こういう哲学的視座を持っている人々はぶれない。政策重視の保守や民主党員の連中は、相手を見ているからぶれてばかりですが。「policy（ポリシー）」と「philosophy（哲学）」が違うから。たとえば、二〇〇八年の大統領の予備選挙では、オバマ、バイデン、クリントンはゲイの結婚権利に反対した。

それは哲学ではなく票を意識したもので信念がありません。

それに対してリバタリアン党は、保守なのに宗教的価値観を入れずに個人の哲学を優先にします。だから彼らはゲイにまったく反対しなかった。その代わり巨大な政府がもたらす個人の権利侵害には強く抵抗します。

つまり、その政策が政府の正しい役割かどうかで判断する。宗教的な倫理、道徳的なことに対してはまったく関心がない。なぜならそれは個々人の問題で、政治、つまり政府が関与すべき問題ではないからです。

しかし共和党を代表する保守系は、宗教的な倫理、道徳に反することを絶対に許しません。保守は価値観まで同じにしようとコントロールしています。本来はそうではなかったのですが、変わってきた。その意味で、リバタリアン党は、共和党の本来の姿を代表していると言えます。

リバタリアンは、経済哲学、場合によっては経済政策が一緒であれば共闘しても、そこから先の個人の話になると、お互い「お好きなように」というスタンスです。だから、たとえばゲイであっても全然問題ない。

西村　ＬＧＢＴでも……。

エルドリッヂ　全然問題ない。なぜならそれは個人の問題ですから。現にリバタリアン党は、一九七二年の綱領では、ゲイの権利を挙げているほどです。

保守というものは、人間は自由である、という哲学のうえに立っていて、他人に監視されない、他人から干渉されない、政府から干渉されない、ということが大切――それが、保守のなかの本当の保守です。

同様に愛国心も個人の問題と考えます。もし国が、個人の利益を損なうようなことをしたら、いくらそれが国のためであっても絶対に許さない、というのが保守の理念です。しかし共和党のなかには、国のためなら個人を犠牲にしてもいいと考える人も多くいます。

これから左系をもっと分析する必要がありますが、少なくとも保守系には大きくわけて三つのグループが実際に存在し、さらに細かく細分化される。

日本人ないし日本政府が、アメリカの保守というものをどこまで丁寧に分析しているのか、私はいつも疑問に思っています。アメリカの政治マップが全然わかっていない印象があります。

西村　かなり専門的な本や現代のアメリカ社会に関心のある人だったら頭に入っているでしょうけれど、一般的にはあまり知られていないでしょうね。単純に共和党系、民主党系、というふうにしか分類されていない……。

エルドリッヂ　面白いことに、左の人が民主党を批判する場合も、「お前はトランプの支持者だ」と言う。実際の構造はそうではなく、左から攻撃する場合は、「お前たちは本当の民主党ではない」もしくは「左の政党ではない」、というのが正しいのですが。

つまり今、左のほうもものすごく分裂しているのです。それを、左側から見ていると、ものすごく面白い。

この左の分裂は、今に始まったことではなく、ずっと以前からですけれども、少なくとも半世紀前から始まっており、クリントンもしくはオバマ政権に至り顕著になってきました。

左派分裂の原因

西村　アメリカの保守の分類、カテゴリーを説明していただきましたが、アメリカの左派と呼ばれる勢力が、保守派よりも分裂しているというのは、ファンダメンタルな部分で、イデオロギー的に対立してしまっているということではありませんか。

その理由として、やはり過激な意見を持つ人が多くなっている、ということがあると思うのです。

以前は、アメリカの左派でも愛国心はありましたよね。ところが、最近見ていると全然違います。CRT＝クリティカル・レース・セオリー（批判的人種理論）を唱えるような女性の本（ロビン・ディアンジェロ『ホワイト・フラジリティ（*White Fragility*）』）がベストセラーになったり、そういうイデオロギー的な過激主義、それこそ「ホワイト・エクストリーミズム（白人至上主義）」というスローガンを批判すること自体が、実は「イデオロギー・エクストリーミズム（イデオロギー至上主義）」であると、私は命名したい。結局、原理主義が強くなるのはそのイデオロギーが衰弱した兆候であって、そういうものが出てきたから、左派は分裂したのではないか、と考えています。

私の印象では、一九六〇年代末から一九七〇年にかけて、世界的に流行った新左翼運動「ニューレフティズム」で、あれは要するに革命理論「レボリューショナリー・セオリー」の先鋭化でしたが、それが半世紀遅れで今のアメリカに広がっていると考えています。

そういう極端な極左（ウルトラレフト）に引っ張られるかたちで、左派のなかが分裂してきたと思っています。

エルドリッヂ　表面的かもしれないけれども、一番大きな亀裂になっているのは、そういうことを押している人たちがシンボルでやっていることでしょうね。これは「virtue signaling（美徳シグナリング）」という。相手より自分がいかに偉く、いかに社会の問題を自分の問題として考えているかと見せつけているわけです。だけど、それを行動に表してはいません。口だけ、矛盾だらけ。中身や政策から変えようとしていないし、変える政治家を選んでもいないのです。

五年前の大統領選の際に、そして二〇年の大統領選のときにも、「トランプはとんでもない人です。クリントンもしくはバイデンは決してベストではないけれど、とにかくトランプよりマシでしょう?」という同調圧力がありました。「lesser of two evils（まだ、マシ）」とまで言っていました。つまり、「民主党の候補もよくないが、トランプよりマシでしょう」と。そのような投票行動によって、アメリカは悪くなっています。

でも本当は、政策課題を改善できる明らかにもっと良い候補者がいたのですが、民主党は組織的にそれを潰して、最初からドナーの人たちが望んでいた候補を選んだ。

要するに、ディープ・ステートが選んだ人が、再選したわけです。その、ディープ・ステートに選ばれた人が先頭に立って、反社会的な政策をやってきたのです。

コロナ死の三割は医療保険制度問題

エルドリッチ　具体的にいうと、まず医療保険制度です。

要するに日本のように、年収に応じた払い方にすればいい。そうすることによって、お金持ちの人でも、そうでない人でも、同じサービスが受けられる――それを、国民は望んでいます。

これは当たり前のことであり、過激な思想だとは思わない。むしろ、それを拒否してきた、アメリカのこの五十年間の非人道的なやり方のほうが過激的です。

アメリカでは、コロナでおよそ七〇万人以上が亡くなったと言われていますが、その三割ぐらいの原因は、医療保険制度がなかったか不十分だからです。コロナの数自体は信じていませんが、どの症状にしても死者のうちの二〇万人以上は、ちゃんとした医療保険制度があれば助かった。

だからアメリカの課題は、国民にまず医療を提供すべきです。これはタダでそうしろというのではなくて、国民はまず税金を払い、税金を払った国民に対して、それを還元していく。

今の私は日本では比較的高収入であり、保険料をあまり払えない方々の負担をカバーしている。私はこうして恩返しができることを光栄だと思う。反対に大学院生や若手研究者のころで収入の少なかった私が保険を受けることができたのは、日本国民がカバーしてくれたからです。つまり、お互い様。

しかし、それがアメリカではできていないのです。なぜなら保険会社などが共和党、民主党を買収して邪魔しているからです。

本当は、医療保険制度を共和党も支持すべき。なぜなら、民間医療保険制度は、勤める会社によって割引で提供しているのですが、会社を辞めるとそれがなくなる。日本のように国民保険がないので、個人で高い民間の保険に入らなければならず、しかも民間の保険会社は持病などを理由に断ることが度々ある。保険会社というのはあくまで管理するだけで、医療そのものを提供しません。したがって、保険料は高く、しかも不公平、不透明です。日本では考えられませんが、患者は治療を受けた後にはじめて保険料が知らされる。恐ろしいことに、アメリカでは個人破産の大きな理由がこの医療保険制度によるものなのです。

そのため、保険に入っていない（uninsured）や十分にカバーされていない（underinsured）の数は非常に多い。医療費が高いため、医師や病院に行くのを遠慮して結局病気をしたり、病気が悪化する。

それを避けるために嫌な会社でも辞められない。これは経済に悪影響を与えている。起業をしたい、店を開業したいという人がたくさんいても、民間医療保険制度の人質になっている。国民皆保険制度があれば、会社を辞めて自分で起業する人も多くなるはずです。結局、今の医療保険制度がアメリカの発展を大きく妨げているのです。

企業に便宜をはかるペロシ下院議長

エルドリッヂ　しかし、現状はそうではなく、富裕層にお金が回されたり、軍事産業がものすごく得をしているのです。このうえ、さらに軍事産業を促進する法案を作っている。

たとえば二〇〇七年から下院議長を務めるペロシ民主党議員は、自ら株の取引でインサイダー情報をもらって、軍事産業とＩＴに便宜を図っています。夫がグーグル社関連の株で六億円ほどの利益をあげたり、二〇二一年三月にも、国防総省がマイクロソフトとの大型契約を発表する直前に一一億円もの同社株を購入し濡《ぬ》れ手に粟です。彼女の地域はＩＴ産業が強いからです。

西村　あの人はカリフォルニアですがシリコンバレーや軍事産業とそこまで露骨なインサイダー取引をして不当利益を得ていたとは驚きますね。司法も機能していない。僕は彼女にちょっと恨みがあってね（笑）、二〇〇七年にアメリカ下院が慰安婦対日非難決議をすることになって、韓国ロビーや裏にいた中国共産党の意向通りに下院で決議した。そのとき、決議を通さないように、僕は先日お亡くなりになった作曲家のすぎやまこういちさんのお手伝いをして、古森義久さん、花岡信昭さん、櫻井よしこさんと「歴史事実委員会」という名称で、ワシントン・ポストに「ＦＡＣＴＳ」（事実）という意見広告を出しました。

そのとき、ペロシがその広告を見て激怒したという変な報道もあったけど、とにかく下院議長のペロシは「慰安婦対日非難決議」を出すのに協力したんです（笑）。

エルドリッヂ　カリフォルニア、サンフランシスコのあたり。ですからＩＴと軍事産業の連携で、彼女の旦那さんがすごい投資をしている。三月からのたったの数カ月間で、五〇〇万ドル（約五億五〇〇〇万円）の収益をあげました。

それから、黒人に対して明らかに不公平な賞罰制度があります。それを公平な制度にしなければなりません。

また、たとえばこんな不公平もあります。お金持ちの人は刑務所に行かなくて良いのです。でもお金の無い人たちは、良い弁護士を雇うことができないので、とりあえず妥協して刑務所に入る。慣例的に、刑務所に二回入ったら、三回目は長期で入ることになる。

アメリカの社会には、このように不公平なことが数多くあるのです。

五十年前から拡がり始めた格差社会

エルドリッヂ　昔のアメリカには格差がありませんでした。あっても少なかった。なぜなら土地が安いので、誰でも土地を持つことができたのです。

もちろん教育の機会とか、いろいろと格差はあったのですが、たとえば、ヨーロッパからアメリカを視察に訪れた人たちは、口を揃えて「ヨーロッパでは考えられない平等な社会だ」と言っていました。

そのアメリカが今や格差がどんどんどんどん、広がっている。それが、アメリカをダメにしている一番の元凶です。

これは急に始まった現象ではありません。ずっと以前から、そうなってきているのです。

西村　いつごろからですか？　私の昔のイメージでは、ヨーロッパとアメリカの一番の違いは階級がないことだ、格差がないことだと、ずっと思っていました。

その認識は、一九八〇年代までずっとそうだったんですよ。九〇年代の最初もそうかなぁ。ですから今世紀に入ってからですかね？　アメリカが格差社会になっていったというのは。

エルドリッヂ　二つのポイントがあると思います。一つは、一九七一年から、基本賃金と、仕事に対する効率性の差が、みるみる広がっていきました。

効率を上げれば上げるほど、当然給料は上がっていきます。なぜなら会社が儲かるから。ですが、給料は基本的に上がってはいない。

会社の利益がめちゃくちゃ上がっていったのは、七一年ぐらいからです。しかし、生活に応じた給料は、基本的に上がっていません。

西村　一九七一年ですか？　もう五十年前ですね。

エルドリッヂ　そうです。たとえば私の父の世代や、あるいはもう少し後の人たちは、家も購入できたし、自分が行けなくても子供たちを大学に行かせることもできました。いわゆる「アメリカンドリーム」があった。

けれど、今そのドリームは終わったのです。お金持ちでない限り家も持てないし、子供を大学進学させることもできない。あるいは返済が難しいローンを組まないとならない。

西村　面白いんだよなぁ。日本も同じになったんです。

エルドリッヂ　たぶん九〇年代から、そうなった。

西村　どうも日本人の視点から見ると、一九九〇年代からアメリカはGDPだってずっと伸びて、良さそうに見えました。

G7のなかでは日本だけですよ、GDPが伸びていないのは。他の国は英国だってフランス、ドイツだってみんな上がっている。G7以外の中国共産党は別格ですけどね。

だから僕は、「日本の失われた三十年」と呼んでいます。それがちょうど、平成というピリオド（時代）にぴったり入る。

だから、なぜそうなったのかを分析しなければ、と常々思っていたのですが、今の話を聞いていると、日本だけでなくてアメリカもそういうふうになってきたのかと。

実質賃金が上がっていないというのは、日本がよく指摘されています。GDP自体が全然伸びていないわけですから。

アメリカはすごく伸びている印象があるのですが、実際のところは全然違うのですか？

個人的には、生活の苦しさを感じている人が多い？

エルドリッヂ　儲けているのは企業だけです。あとは、株主。

西村　ああ、要するに株主とグローバリストだ。

エルドリッチ　一般国民は、生活が良くなっているとは思っていない。オバマ政権時もそうですが、最新の世論調査によると、国民はものすごく不満を抱いています。

オバマに投票した結果、がっかりしてクリントンへの投票を棄権したかトランプに入れたというのが二〇一六年の大統領選でした。したがって、二〇二〇年のように民主党による不正がなければ、二〇二四年の大統領選でも、有権者がバイデン政権を拒否する投票行動に出るのが見れるのではないかと思います。

西村　「ウォール街占拠運動」が始まったのは二〇一一年で、やはりオバマ政権のときですからね。あのデモは、社会の格差に不満を持つ若者たちが「ウォール街を占拠せよ（オキュパイ・ウォールストリート）」を合言葉にデモ行進し、公園などで寝泊まりしたのが発端だと言いますね。ウォール街がフィールドになったのは、そこがアメリカの「富の象徴」だからなのでしょうね。

十数年上がっていない最低賃金

エルドリッチ　左派がいうもう一つの課題は、最低賃金。二〇二一年初頭に、大きな議論を巻き起こしました。今のアメリカの最低賃金は時給でいうと、七ドル二五セントで、だいたい八〇〇円です。それが十数年間上がっていない。

その一方で物価はインフレーションになっている。つまり実質賃金は上がるどころか下がっているのです。

これを一五ドルにしようという運動があった。つまりは倍です。

バイデン大統領も公約として賛成しているのだけれど、やっぱり大統領になったら、実行しません。本来、大統領、上院、下院の三つを民主党が取る、いわゆるトリプルブルーである今のバイデン政権なら何でもできるはずなのに、しないのはやる気がないからでしょう。

最近の調査では、アメリカ国内で最低賃金の生活をしている人は、どんなに安い賃貸物件でも、その賃料を払えない状況だといいます。ワンルームのような狭い物件、あるいは部屋貸し物件でさえ、一カ月の賃料さえ払うことができない。

ですから生活に最低限の賃金、「living wage（リビング・ウェイジ）」を上げるべきだという運動がかなり盛んになっている。一五ドルにしろ、というわけです。

ただ、一五ドルと言っても、これは十数年前のリビング・ウェイジ。今の計算では二四ドルに相当します。つまり時給を、ほぼ三・五倍にしないと釣り合わなくなっているのが現状なんです。バイデン政権は二〇二二年一月三十日以降に契約する連邦政府契約事業者に対する最低賃金を一五ドルに引き上げただけです。連邦最低賃金について民主党は、二四ドルの半分にさえもしない、しようとしない。

西村　最低賃金を上げると、中小企業は潰れてしまうのではないですか？　少なくとも日本ではそう言われています。また韓国の文在寅《ムンジェイン》政権が最低賃金を上げることによって雇用を維持できなくなっています。

エルドリッチ　いいえ、実際は最低賃金を上げることにより従業員の生産性が上がります。データを見れば、全然違うことがわかるのです。

もう一つの理由は、そうすることによって買い物ができるようになる、つまり消費が上がります。消費が上がれば、新しい仕事が生まれる。だけど、経営者が儲けても、株を買うだけで、設備投資、雇用にあまりつながらない。レーガン大統領時代から言っている減税による、「Trickle-Down Economics（トリクルダウン経済学）」は幻想だったのです。経営者ではなく、消費者にお金が回らなければ全体的に豊かにはなりません。

西村　ではお金はどこに回っているのですか？

エルドリッチ　株主や経営者です。会社が自社株を買えば株主が儲かる。それにより株価が上がるという好循環をつくり、最高経営責任者（ＣＥＯ）などの会社役員に給料やボーナスで還元する。驚くべきことに、アメリカのＣＥＯの平均年収は一般従業員の三七〇倍にも及んでいるのです。日本ではありえないことでしょう。

給料が少ないから国民はみんな買い物を控えています。だから、お金が回っていない。

したがって、最低賃金の引き上げは生産性の向上と消費の上昇を促し、二重の意味でメリットがあるのです。

民主党にしても共和党にしても、様々な経済対策が行われていますが、恩恵を受けているのは銀行や不動産業界で、国民にはお金が降りてこない。やるべきことは逆です。国民の給料を上げることにより消費が増え、企業も売り上げが上がり、国税収が増え、国や国民も潤うという、良いサイクルが生まれる。これがデフレ脱却の道です。

それが、本当の意味での健全で持続可能な経済になれないのは、裕福な人たちしかお金をもらっていないからです。

二〇〇八年のリーマンショックのときに、大きすぎて潰せないということで、政府はかなりの資金援助をして銀行を助けました。その当の銀行のCEO、銀行をダメにした当人たちが、ボーナスをもらって退職したのです。これは本当にひどい。

西村　リーマンショックなんてその典型ですよ。金融資本家たちだけが、自分たちの失敗に関係なしに、儲けている。それで結局、一般大衆がすごい被害を受けたという。それは世界的にそうですよね。日本もまったくそうだったから。

エルドリッチ　ですから、最低賃金を問題にする左派は、私は健全だと思う。私はどちらかといえば、ＢＬＭを主張する左派をバカにしています。表面的な議論に過ぎないからです。たとえば閣僚にはいろいろな人種や価値観を持った人が入っていなければならないというようなことです。

確かこれは空軍だったと思いますが、整備員、乗務員、操縦士などチーム全員が、皆ゲイだったということで、それがメディアに大きく取り上げられたことがある。

これに対して左系の評論家が、「それがなんだというのだ、アフリカの国々が空爆を受けて、『ああ良かった、ゲイによって空爆を受けている』と、それで喜ぶとでもいうのか」と、皮肉を込めて言っていました。

そういう表面的な活動しかしない人、あるいはツイッターで発言をするけれど行動をしない人たちは、「shit-libs（シット・リブス）」と呼ばれています。このリベラルたちはshit（クソ、つまり信念がなく最低だ）という意味ですね。あるいは「fake-libs（フェイク・リブス）」と。

西村　日本人の多くは株を買わないから、株価が上がっても恩恵を受けていないけれど、そうじゃないアメリカ国民は株高の恩恵を受けていると言われていますが、実際は違う？

エルドリッチ　アメリカでは、国民のほんとにわずかな人たちしか株をやっていないですよ。ある調査では約六割の国民が、株を「持っている」と答えていますが、それは４０１Ｋなど年金制度の一環としてであって、実際に自分で投資し、毎日チェックしているわけではない。後者のほうは、二割に過ぎない。それも大部分はアプリや新しいソフトを使って近年参加するようになっただけです。一般の家庭はあまりしていないと思う。

西村　じゃあ日本とあまり変わらないですね。

要するに、そういう印象があるだけで実際のところは、アメリカでもそんなに株式市場に熱心な人がすごく多いってわけではないと。少なくとも、国民の半分以上が投資しているというのは嘘ですよね。

エルドリッヂ　おそらく余裕がない。日々の生活で精一杯という人が多い。

アメリカの闇

西村　二〇一六年の大統領選でトランプが勝った理由というのは、今エルドリッヂさんがおっしゃったような背景があったからです。ですからトランプとサンダースには共通点がある。

エルドリッヂ　日本では「極左」と紹介されるサンダースですが、彼の主張自体は超党派的なもので、米国民の大多数の声を代弁したものです。それは世論調査の数字にも表れています。実際サンダース支持者はトランプに票を入れた人が少なくない。本来、日本でいう過激化というニュアンスがこめられた「極左」には該当しません。しかし、その「言っていることは正しい」サンダースも民主党主流派に呑み込まれてしまった。クリントン支持という行動にでた彼を私が支持しないのはそのためです。アレクサンドリア・オカシオ＝コルテス（ＡＯＣ）も同様で、言っていることとやっていることが違うので支持しません。可愛いけど（笑）。

結局、左派の分裂の原因は何かといえば、イデオロギーよりはもっと表面的なものです。分裂要因としては、政策・戦略・戦術レベルでの分裂のほうが激しいと思います。

一つは、先述した「lesser of two evils」という選択で、ベストではないけれどもベター。だけどその結果、改善されるのではなく、いつまでも妥協、妥協、妥協だけだから、状況がどんどん悪化した。なので、ベターではなく、ワーストとみています。選ばれた候補の質もどんどん下がって、国民の政治に対する不信や不満が高まっているのです。

バイデンもそうなのですが、二〇二一年の一月にペロシ下院議長が再任する院内の選挙があった。そこで、私が健全だと思っている民主党外の左派の人たちは、「彼女に票を入れる代わりに、様々な要求を提示し、せめて国民保険について、議会でちゃんと審議して、投票させることを、リーダーである彼女に約束させてください、公の約束をもらったら、彼女に入れてあげる。約束しない限りは別の人に入れる。あるいは棄権する」というプレッシャーをかけるべきだと主張していました。

左派が、共和党に圧力をかけても意味がない。なぜなら思想も政策も違うから。だから改革を望みより近いはずの民主党にプレッシャーをかけたほうがいいとプログレッシブたちは啓発しているのです。

実際、「フォース・ザ・ボート」という名称の運動も起きました。ペロシを議長にする代わりに医療保険制度の改革案を容認する確約を取り付ける運動だったのですが、これを潰したのがＡＯＣです。まさに前述した「シット・リブス」たちによって。民主党左派は無条件でペロシの再任に投じたのです。

だから、それで左派（外部の革新系と党内の左派）は大きく割れた。

西村　よくわかりました。私は思想的な、概念的な部分での分裂かと思ったら、そうではなくて、あくまで現実的なものなのですね。それにしてもＡＯＣは酷い。ＣＮＮやＮＹタイムズなどが左派のシンボルとして持ち上げてきたのに正体がバレましたね。

これは、たぶんアメリカ人と日本人の政治に対する取り組みの違いなのかもしれません。アメリカのほうが政治への関わりがよりアクチュアルというか、現実的なのですね。

だから、政策に賛成して入れたけれども、それが果たされないことに対し批判する。分裂するって、そういうことですね、おっしゃっているのは。

エルドリッヂ　そうですね、ただ西村先生がおっしゃっていた思想やイデオロギーがアメリカの社会を分断しているのも事実です。

ですが、私が健全とみている革新系の人たちは、いくら民主党の議員や支持者でもＢＬＭの運動に賛同しているような人たちを絶対に受け入れない。その正義感は、非常に強いものがあります。

ただこうしたアメリカ社会の分断は、表面的なものに過ぎない。

なぜなら、どのような思想を持っている人でも、別の同じ問題で悩んでいるからです。保険がない、学費が払えない、医療を買えない、最低賃金で生活できない。そして、多くの国民がもう戦争は嫌だとうんざりしています。

ですからアフガニスタンからのアメリカ軍の撤退を、多くの国民は支持している。

支持してないのは、メディアと軍事産業。なぜなら軍事産業から広告代をもらっているからです。あるいは、メディアに出演している人たちは、元ＣＩＡとか元国防総省の幹部、時の政権の中枢とかそういう人たち。彼らが、平気でコメンテーターとしてメディアに出演しています。共和党だけでなく、民主党の議員も軍事産業から多額の政治献金をもらっているのです。

だからもう本当に変な構造になっている。尊敬できるアメリカは、完全になくなっている。

西村　そこにアメリカの闇があるわけです。

第二章

日米の衰退は同時現象

パラレル関係になった日本とアメリカ

西村　本章のはじめに指摘したいのは、先ほどもちょっと言いましたが、実は今、日本とアメリカで起きている現象が非常にパラレルなのではないか、ということです。

二〇二〇年のアメリカ大統領選挙をずっとウォッチしていたので、あの時期は生活のリズムが完全にアメリカの東部時間になってしまった。ですが、そのお陰で、日米がものすごいパラレルじゃないか、ということに気づいた。

たとえば今年行われた東京五輪の状況を見ていただけでも、日本が侵略されているということが現象としていろいろなところに現れていたような気がします。

先ほど、アメリカにおけるリベラルによるファシズムを問題にしましたが、日本でも「多様性」という曖昧な概念が絶対に否定できない新しいスローガンになっています。それこそ「クリティカル・レース・セオリー（ＣＲＴ）」ですか、ポリティカル・コレクトネス（ＰＣ）の前提となってしまった。

東京五輪もそうですよ。最後の聖火ランナーも、「多様性」を象徴させるために大坂なおみ選手を選んだのでしょう。鬱《うつ》病という理由で記者会見をボイコットしている人がなんで開会式で重要な役割をこなせるのかがよくわからない。

　ここにはアメリカの持っている本質的な危機があるような気がして本当に心配なんです。日本も人のことはいえませんが。もちろん多様性はあっていいのですけど、多様性というものが圧力になっちゃうと、逆じゃないか、という気がするんですよ。

　多様性がファシズムになってしまう。これは非常に恐ろしいことではないか。

　東京オリンピック前に、アメリカの女子のサッカーチームが、メキシコと対戦したのですが、アメリカ国歌が流れたとき、アメリカの女子サッカーチームのメンバーが背を向けているんです。僕はそんなアメリカをみて非常に悲しかった。

エルドリッヂ　スポーツがここまで政治的に利用され、ある種のパフォーマンス政治に堕しています。

　それはオバマ政権のときに加速したのですが、副大統領だったバイデンが大統領となって、今やすっかりPCが定着してしまいました。おっしゃる通り、さらに進んでいるのが多様性の問題、アイデンティティ・ポリティクス（主に社会的不公正の犠牲になっているジェンダー、人種、民族、性的志向、障害などの特定のアイデンティティに基づく集団の利益を代弁して行う政治活動のこと。IP）です。

　副大統領のカマラ・ハリスほど嘘つきで、信念がなく、おカネが好きな政治家を私は見たことがありませんが、女性ということで公然と批判することができなくなっている。「女性差別」だと逆切れされるのが落ちです。

財務長官のイエレンにしても、過去二年間で少なくとも約七億円の講演料を受け取っていたことが判明し、そのなかに不正取引を行ったヘッジファンドのシタデル社から約八〇〇〇万円もの「講演料」を受け取ったことがスクープされましたが、不問にされた。なぜなら、指摘すると「女性差別」と批判されるからです。実際にホワイトハウスのサキ報道官が質問した記者に対してそのような反論をしました。

IPのようなものがアメリカで過激化するのは、移民問題が背景にあるからでしょう。多様性を認めるにしても統一がないと、国としては成り立たない。だからかつて多様性は、バランスの問題でした。

たとえば過去においては、学校教育では唯一無二の歴史を教えていた。どの国から来た子供も、その歴史を学んだ。そして、星条旗に対して、毎朝忠誠を誓います。

西村　今はやってないんですか?

エルドリッヂ　学校によります。たとえば、基地のなかにも学校はあって、その学校に通う子供たちは、当然のこととして、まだそういう教育を受けています。

西村　CRTなんて教えている学校だったら、下手すると国歌も歌わないかもしれないですね。

エルドリッヂ　そうですね。多様性というのは、何を強調するかにもよると思います。文化とか言語とかを含め、歴史を忘れないようにしようという側面もありますので。

米若手保守の警鐘は日本にも通じる

エルドリッヂ　それから日米のパラレル現象ですが、昔は、日米関係には時間的なズレがありました。当初は、アメリカで起きていることは二十年後の日本で発生していたというように。それがだんだん十年後とか五年後になって、それが今ではその時間差がものすごく短縮されて、ほとんど同時代になっている。

西村　私がパラレルだと言うのは、現在アメリカが抱えている問題というのは日本と同じ問題を抱えて、すごく深刻だと思うんですよ。

今、非常に注目されているベン・シャピーロという論客の『アメリカを破壊する三つの簡単なステップ』という本があります。この本も面白いですが、彼が毎日自分のスタジオから発信するニュース「ベン・シャピーロ・ショウ」が非常に面白い。彼は鋭いですね。ハーバード出身らしく、敵を論破するのが得意です。若き黒人女性の保守派の論客、キャンディス・オーウエンスとよく対話をしています。彼女は反ＢＬＭの急先鋒です。

エルドリッヂ　シャピーロは保守系の評論家です。彼の本は読んでみたいと思ってました。

西村　一九八四年生まれと若手ですが、この本が、「ニューヨーク・タイムズ」のベストセラーになっている。去年（二〇二〇年）にハードカバーで出版され、最近やっとソフトカバー版が出た。よく売れているという証拠です。

読んでみると面白いんですが、私が一番びっくりしたのは、彼が書いた献辞なんです。こういうことが書いてある。「この偉大な国を作った創設者たちの歴史のことをもっと思い出して、彼らが何と戦って、そして彼らが行った約束をちゃんと思い出すべきで、それを私たちの子供や子孫に伝えていく、その彼らのすべてを」。それがこの本にかけたベン・シャピーロのメッセージ。要するに、アメリカの歴史と建国者の精神をもう一度見つめ直そう、ということです。

これを読んで、今の日本人と同じじゃないかとびっくりした。

アメリカの歴史は二百何十年で、日本とは二千年違うはずなのだけれど、大切なことは共通なんですよね。私は、この文章にびっくりした。アメリカでも、危機感がある人は、ここまで持っているのだな、と。

それで、ちょっと思い浮かんだのは、アメリカの保守と左翼との戦いは、宗教戦争のような気がしたのです。これは外国人の勝手な見方かもしれませんし、変なたとえで怒られるかもしれないけど、アメリカにおいては、いわばカトリックが「マルクス主義者」の位置にあたるのではないか。アメリカ合衆国はピューリタンが作った国ですから、プロテスタントの国ですよね。「カトリックがマルクス主義だ」というとカトリックの人は怒るだろうけれど、そうではなくて、要するに神の代わりに科学だとか、理性だとか、そういったものを持ってきて、そこに共産主義のドグマというものを持ってきている感じがする。

結局、マルクス主義の唯物史観というのは逆さまの終末論なんですよ。そういう意味でマルクス主義者とピューリタンの戦いは、カトリックとピューリタンの戦いのような気がしてね。だけど、その一方で、シャピーロの「今、アメリカはほんとに建国のときを思い出さなくちゃいけない」と、ものすごい危機に陥っているところもある。

やはり、そのような危機感を持っていないと、意識しないと、アメリカが崩壊してしまうのではないか。それほどすごく危険な状況にあるのではないか、そういう心配をしました。

保守は左翼の本も読め

エルドリッヂ　カトリックの私はどう答えればいいか、困ります（笑）。実は、アメリカ建国のときには、すでにプロテスタント以外にもたくさんの宗教が入っていました。ピューリタンのグループはマサチューセッツにありましたが、彼らはあくまで一つの地域を占拠しただけ。

当初マサチューセッツは、三つの植民地だったのを、それが統合されて一つの植民地になりました。

したがって、別の宗派がつくった、地域もあるわけです。建国当初からすでに、いろんな宗教があって、ユダヤ教も最初から入っていました。けれど、一つの建国のストーリーとしては、やっぱりピューリタンの人たちから始まったのです。

西村　外国人から見ると、ヨーロッパで迫害された人たちがアメリカをつくったと単純に考えてしまいますね。

エルドリッヂ　そうですね、それが一つのストーリー。あとは開拓の状況とか、各州でいろんな人たちがいたと思う。

私は、反ベン・シャピーロの番組をよく視聴します。第一章で述べたように、私はどちらかというと、メディアでは左の番組を中心に観ている。なぜなら、右の番組のいうことは、聞かなくてもだいたいわかるからです。

西村　ああ、それは大事ですね。日本でも保守なら保守で批判をする以外には左翼の本も雑誌も読まないですから。まぁ左翼のほうは毛嫌いして保守の本など目に入れるのも嫌でしょうけど。ただ敵を知るためには本当は読まなければならないですね。

エルドリッヂ　繰り返しますが、アメリカの真の左は決して反米ではない。むしろ、社会の問題をどう解決するか、具体的な解決策を提示している。改革しないと、国は亡くなると本気で心配している。どうすればアメリカが持続可能な国になるか一生懸命考えている。

日本では、反対陣営の雑誌や番組は見てないでしょう。批判のための批判ばかりで、相手（たとえば、安倍政権とか）を倒すことしか考えてない。相手が絶対的な悪であることを前提に「戦う」のであって、「創る」という発想がありません。

反ベン・シャピーロの人たちは、やっぱりものすごくベン・シャピーロを気にしています。いつもバッシングしている。彼らは自分たちの政治的信条とはまったく違う人をあえて取り上げて、叩くのです。だけど、私が感じているのは、彼らは何らかの嫉妬《しっと》を持っている。そうでなければ、あんなに取り上げないはずです。

アメリカを分断する三つの対立

エルドリッヂ　たとえばカイル・クリンスキーの「セキュラー・トーク」という番組はもう十年ぐらい続いていて、ものすごく面白い分析をしています。フォロワーは、だいたい一〇〇万人ほどでしょうか。

西村　すごいですね。人気があるんですね。

エルドリッヂ　私自身は一つのことがきっかけになって彼に対する疑問が生じて今は距離をとってみていますが。

彼は、必ずシャピーロを批判する。「セキュラー（secular）」というのは、「宗教を持ってない」という意味です。カイル・クリンスキーは一生懸命、「自分は宗教人ではない」とか、あるいは「宗教が嫌い」とか、「無宗教だ」と言っているのですが、だけど彼が言おうとしていることが、まさに宗教の目指しているもの。彼は、政治的に非宗教的な社会を作りたいというわけです。「理性に基づいた、思いやりのある社会を」などというわけですが、それは絶対に宗教ではないとも言っている。だから、非常に矛盾しているわけです。

西村　それが宗教ですよね（笑）。しかも、文化に無理解です。ただのサヨクみたいです。

エルドリッヂ　そう。彼がもし、ちゃんと宗教というものにまじめに取り組んだら、人間としてより立派になると思いますよ。

西村先生が言おうとしていたアメリカで問題になっている対立もそうです。宗教と無宗教の対立、そしてイデオロギーの対立。この二つの対立を矛盾して抱えているのが、カイル・クリンスキーなのです。

私から見ればもう一つ対立があって、それが、お金持ちとそうではない人の対立、超格差社会の問題です。

西村　宗教、無宗教の対立、イデオロギーの対立、格差の対立、三つの対立が、複雑に絡み合っているんですかね？　それとも、きれいに分類されているのでしょうか？　たとえばお金持ち＝リベラル＝無宗教といったように。

エルドリッヂ　複雑に絡み合っているので、きれいに分類はできません。

西村　そういう多層的な対立が、今、アメリカで起きているということですね。

企業献金が生む左翼の内戦

エルドリッヂ　実は今、真の左の評論家たちの間で内戦が始まっています。アーロン・マテという無名ながらも非常に優秀なジャーナリストへの批判をめぐり、本来擁護すべきカイル・クリンスキーがそれをしなかった。彼はこの問題自体に介入したくないという立場。私が彼に疑問を抱くようになったのもそれが理由です。アメリカでは人間関係が悪くなっているとき感情的な「ドラマ」と片づける人がいますが、これはドラマなどではなく政策的な対立です。

アーロン・マテがなぜ猛烈なバッシングを受けているかというと、民主党にとって「不都合な真実」を次々に追及し暴露したからです。

アーロン・マテは反戦の立場をとっていますが、日本の平和主義者のように全否定はせずに、腐敗や隠蔽された正しくない戦争に対して反対を唱え、真実を追及する記者です。中東問題に詳しく、なかでもシリアに注目していて、化学兵器禁止機関（ＯＰＣＷ）がアメリカのシリア政府軍に対するミサイル攻撃を正当化するための報告書を作成した疑惑などを追及しています。

さらにトランプの「ロシアゲート」（二〇一六年の大統領選挙に向けて、トランプとロシアが共謀してヒラリー・クリントンの評判を貶《おとし》めたとする疑惑。またその捜査をトランプが妨害したとされる疑惑）がまったくの出鱈目《でたらめ》で嘘だったことを取材で明らかにしたのも彼でした。

「ロシアと共謀して投票を盗んだ正当性のない大統領がトランプ」という民主党の描いた絵を真っ向から否定しました。これはバイデン大統領が決まった後のトランプ弾劾にも利用されたわけです。彼はこの功績で賞もとっていますが、民主党にとっては逆鱗《げきりん》に触れる非常に目障りな存在です。

アーロン・マテは私もすごく好きなジミー・ドアという評論家のネット番組「ジミー・ドア」によく出演したため、このバッシングにジミー・ドア自身も巻き込まれた格好です。

私が左系のネットメディアに注目するようになったのは二〇一六年の大統領選前後からですが、もう一つ注目した若者に人気の番組があった。しかしそのメディアは五年前からクリントンに政治献金する超富裕層から投資を受けるようになって民主党を擁護する論調に変貌した。そのメディアが二一年七月ごろから、猛烈にアーロン・マテを批判しているのです。「ロシアからカネをもらっている」「シリアの独裁政権の代弁者」などというレッテルを貼って。面白いのは主流メディアが彼を批判するのではなく、小さなネットメディアがそれを担っているという構造があることです。

ジミー・ドアは過去にアーロン・マテを批判するこのネットメディアにも出演していましたが、彼自身が不信感を抱き、二〇一七年に離脱していた経緯がある。大統領選ではクリントンを支持しなければならないとか、意見を強制するような発言が目に付くようになった。しかしジミー・ドアは彼らのメンツを立てるために表立って批判せず離脱した。そして約三年間は沈黙を保っていた。しかし、アーロン・マテを守るためにそのメディアをがんがん批判するようになり、内部の腐敗など暴露したのです。

するとそのメディアの女性副社長がジミー・ドアからセクハラされていたと、いわゆる「#ｍｅｔｏｏ運動」で彼を脅迫し声を封じようとしました。そのことを今度はジミー・ドアが自分の番組で暴露した。副社長の口封じは失敗した挙句それを機に番組の視聴者が激減していきます。

私自身は五年前からこの番組を観なくなりましたが、二〇二〇年の大統領選以降は観なくなった番組が五つに増えた。

カイル・クリンスキーも自分の番組でその問題に言及したのですが及び腰だったので、ジミー・ドアが「正義感がない」と批判した。それは私も感じたことです。分析は非常に優れているのにどこか正義感が感じられない。つまり、触っていい問題とそうでない問題を計算して選んでいる節があるのです。今回の件で、それが明らかになったのだと思います。

彼は革新メディアのホープですが、正義感が欠けているのは大きな欠点です。政治家にしてもメディアにしてもそれがなければ存在価値がありません。

その点、ジミー・ドアは人間としては完全じゃないけどこの正義感があります。これは余談ですが、実は彼のプロデューサーは日本人です。おそらくその日本人がいなかったら彼はここまで上がっていなかったでしょう。

ジミー・ドアの魅力はコメディアンで皮肉を駆使して状況を見ていることです。日本では皮肉がすぎると嫌われますが、私の生まれたニュージャージー州は母国語といっていいほど「皮肉は文化」です。私は皮肉なしではしゃべれない（笑）。もちろんすべての州がそうではないしすべての国がそうではありません。ジミー・ドアは同年代であり、シカゴ東部出身で考え方も近い。皮肉というのはわざと逆のことをいうので、物事の見方を変えることができます。かつ言葉の武器としては猛烈な一撃にもなる。

今ふっと思い出したのですが、クリンスキーはアーロン・マテを批判したメディアの社長とも友達で、この二人は「ジャスティスデモクラッツ」というグループをつくりました。

このグループはＡＯＣなど四人の下院議員を誕生させましたが、公認する基準は、政策はもちろんのこと企業からの献金の有無もポイントだった。

なぜならアメリカの政治を歪めたのは企業からの莫大な献金だったからです。議員は国民のためでなくスポンサーのために政治を行う。アメリカの民主主義が破綻《はたん》した一番の原因がこれです。そしてジャスティスデモクラッツは企業献金を一切認めないグループだったのですが、一七年に誕生して一八年の中間選挙、次が二〇年と二度の選挙があった。これは選挙の後になってわかった事実ですが、議会のリーダーたちが議員に企業からもらった献金を差配していた。つまり本人はもらってなくても、献金を受けた親分から間接的にもらっていたので、結局一緒だったのです。クリンスキーはジャスティスデモクラッツをつくったのは大失敗だと認めました。立ち上げた社長も、数年前にセクハラなどを理由に組織を追い出された。

アメリカには政治行動委員会（political action committee、ＰＡＣ）といって企業からの政治献金をプールする政治資金団体があります。ＰＡＣには各分野いろいろあって、たとえば環境保護のＰＡＣは石油会社から献金を受けています。表向きは環境保護を訴えているが、中身は石油会社の負担になる法律の阻止が目的。最近、設立者の二人が抜けたジャスティスデモクラッツが、そのＰＡＣからの献金を受けていることがわかりました。個人からの献金は禁じている一方で、PACのようなグループからのそれは無限に許している。ですから、アメリカは本当におかしなことになっている。第三世界よりも酷い。ある意味最初から汚いことがわかっている共和党のほうがマシです。多くの人を騙している民主党は本当にたちが悪い買収されたネットメディアは「羊」たちを集める役割を果たしています。自分を左だと思っている有権者、進歩主義者たちを集めている。しかしそうしたメディアが最終的に要求するのは「ヒラリー・クリントンに入れてください」「バイデンに入れてください」。

私が支持している左派は民主党のなかでは少数派ですが、彼らが実現を目指していること自体は多くの国民が望んでいることであり、共和党支持者のなかにさえ支持している人が少なくない。しかし、メディアが社会を分断させてその対話を邪魔している。

日本でも私から見て健常な左の人たちも、共産主義者とか社会主義者のレッテルを貼られて対話ができない。私はいろんな番組に出演させていただいていますが、日本人の多くの人が洗脳されていると感じます。アメリカもそうですが。何十年にもわたっての洗脳だからこれを解くのは大変です。二〇二〇年以降のアメリカではバイデンを否定するようなことをいうとすぐ「トランプ支持者か」と罵倒《ばとう》される状況が続いている。バイデンはダメだと言える民主党の有権者が増えないといけません。結局、無知と洗脳の問題。

わかっている人はこれ以上政治に関わらず投票を棄権するか、ますます左のほうに行く。私は民主党を信じ支持する人たちはかわいそうだと思う。よく騙されている人たちです。

自信喪失の自覚がないアメリカの病

西村　なかなか興味深い話をディテールまでありがとうございました。ところで、アメリカの弱体化は日本の問題として深刻に考えなければいけないのですが、今まで大多数の日本人は、いわば大きな保育器のなかにいるような感覚なんですよね。

武漢コロナへの対応でもわかるのだけれど、あたかも無菌室があって、そのなかにみんなで入っていれば、感染しないと思っている。そういう場所があると。サファリパークのような「安全な危険」に保護されてしまっている。

日本人のメンタリティーは、そうなっちゃったんです、戦争に負けた後に。

結局、無菌室を作ってくれるアメリカ、それからサファリパークの舞台を作ってくれるアメリカ。それが、すべての前提になっている。

要するに、アメリカ合衆国という前提がないと、自分たちのことは考えられなくなってしまった。そういうメンタリティーというのが、この七十六年間でどんどん浸透してきてしまった。

しかし実際のところ、アメリカの混乱というのは、本当は衰退と言っても良いかもしれないけど、現実なのです。

そのアメリカの衰退に対して、エルドリッヂさんもずっと危機感を持っておられる。

この十年間のアメリカを振り返ってもそうだし、特に二〇二〇年の大統領選挙を見ればはっきりとわかるわけです。メディアの混乱ぶりやインチキや大きな不正が。巨大ＩＴだとか、金融資本だとか、そういったものが背景となり、大統領選挙の不正が隠される恐ろしい社会になった。社会が分断し、アメリカ自身が自信を喪失している。

アメリカ人に、コンフィデンスが失われているとしたら、これは、日本の問題でもある。日本は前提として、アメリカ合衆国の存在があると考える人がいる。

お釈迦様の手のひらのうえに孫悟空がいるのと同じように、日本というのは、アメリカ合衆国の手のひらのうえで踊っている孫悟空でいいんだ、と。

しかし、そういう人に言いたいのは、あまりにも時が経ち過ぎているのではないかということです。

戦争に負けた占領期間内にそう考えるのは理解できますが、独立してからも六十九年経っているわけですから。

もういい加減、現実をちゃんと認識して、アメリカに頼ってはいけないんだ、と。

だから今後、アメリカと本当の意味でアライアンスをもっと強固にしていくためには、日本にその自覚がないとダメなんじゃないか、と思うんですよ。

その点はどうですか？　非常に抽象的で申し訳ないのですが。

エルドリッヂ　いいえ。おっしゃりたいことはよくわかります。

私は、アメリカは自信を失ったと思ってはいないと見ています。それが、逆に怖い。

つまり、もし自信を失っているなら、「何か間違っている」と気づくはず。しかしそれがないのです。

七〇年代終わりごろから八〇年代にかけてアメリカは自信を失った。ベトナム戦争の敗北、日本との貿易赤字、国内産業の空洞化、失業、インフレーション、大都市での犯罪増加など。そこで様々な反省があった結果、レーガン大統領が登場し、国民の士気を高めた。ですがそれ以降、多くの新しい間違いを犯している。しかし、今はまったく反省していない。つまり、間違っている方向に向かっていながら、それをまったく自覚していないということです。

西村　自信を失っていると思わないこと自体が怖いと。全然自覚がない、と。

エルドリッヂ　やはり、常に軌道修正しながら、方向性を考えないといけない。

あるいは歴史的な背景を勉強していかなければなりません。両方の比較が重要です、歴史的な比較と他国との比較。

西村　時間の縦軸と横軸、その座標軸を見ないと、自分たちが今どこにいるかがわからない。

エルドリッヂ　その通りですね。しないといけないなと思うけれど、やってない。

西村　日本もそうですけどね。

エルドリッヂ　失っているのは希望だから問題です。

世論調査では、「今、不満がある」、と回答した人が多かった。不満とか希望を失っているのと、自信を失っているのはちょっと質が違うと思う。

西村　若者たちに希望がないというのは、結構深刻な問題ですよね。

エルドリッヂ　きちんと世論調査を分析しないといけないのですが、印象としては、「若者が希望を持てない状況である」と感じます。

アメリカの脱中国は本気か？

西村　それに加えて、中国の覇権も深刻な問題です。バイデンは親中派だと目されていますが、アメリカの中国に対するスタンスは実際のところどうなのでしょう？

一方でウォール街やシリコンバレーのグローバル企業は、まだ中国ビジネスを続けていこうという人たちが多いと思いますが。

エルドリッヂ　これも日本と一緒だと思います。経済界は中国にべったり。政府は「中国は脅威である」という認識を持っている、バイデン政権は対中強硬政策をやっていると言われています。

西村　当初言われていたよりも意外にマシじゃないかという話も出てますが、私は信用ならない。

エルドリッヂ　同感です。理由はいくつかあります。

第一に、第一章でも述べたようにメディアがバイデン政権を誕生させた手前、政権内の問題点や混乱など、よくない報道、つまり不都合な真実は報道しない。ですからバイデン政権の本当の姿は、報道されていないでしょう。したがって、中国に対して強硬であるかどうかもわからない。メディアが「強硬」のように見せているので、怪しいと疑ってかかっています。

第二に、バイデン政権が、中国への新たな強硬政策をつくっていないことです。単にトランプ政権の継続に過ぎない。

ただし、評価できる点がないわけではありません。たとえば台湾との関係は事実強化させています。

第三に、この対中国強硬政策にしても、いつまで継続するかがわかりません。

そして、第四に、バイデン政権内に明らかに中国寄りの人たちがたくさん入っています。

インド太平洋調整官兼大統領副補佐官カート・キャンベルは、「冷戦思想は米国の長期的競争力を失わせ、中国の封じ込めには効果がない」と対中政策の緩和を提言している人物。国務長官のアントニー・ブリンケン氏も、「中国との完全なデカップリング（切り離し）は非現実的で、結果的には逆効果だ」と対中融和路線です。

西村 カマラ・ハリス氏にも、親中だという噂《うわさ》がありますね。

エルドリッヂ 彼女は民主党の支持者の間でもまったく人気がなかった候補でした。私が予備選で陰で応援していた、先述の下院議員で軍人であるトゥルシ・ギャバード氏に完全に論破され、辞退せざるをえなかった。しかし、バイデン氏は黒人女性ということで人気取りのためにハリス氏を副大統領に指名したのです。私の予想ですが、バイデン氏は四年間も大統領の職務をまっとうできるとは到底思えません。少なくとも一年か中間選挙までの二年を務め辞任し、ハリス政権が誕生すると予想しています。

実は、ハリス政権こそ民主党本部が求めていたアメリカ史上初の女性大統領です。ハリス氏の一番のスポンサーは悪名高いヒラリー・クリントン氏であり、人口の最も多いカリフォルニア州出身です。同州は移民が多くハリウッドやシリコンバレーをはじめ中国とズブズブ関係にあるところ。明確な信念を持たず、権力とお金しか考えていないハリス氏が大統領になれば、バイデン政権より対中融和路線へとシフトした政権になるでしょう。

五十年間の副大統領への好意度に関する最近の世論調査では、ハリスは最下位だったそうで、やはり人気がない。二〇二四年の（副大統領として）交代説も浮かんでいるほどです。ほかにも親中派の政治家はいますが、水面下で行われていることは見えていない。彼らはずっと黙ってやっているのか、いずれ力をつけると対中国強硬政策を止めにかかるのか、あるいは、見えないところで少しずつ修復しているのかがわかりません。

実は一月の時点で、中国への規制を緩和したり、制裁を解除しています。だから、メディアがあまり報道していないことは、やっていないのではなく、メディアがバイデン政権を守るために報道していないだけという可能性が非常にあると思います。

西村　幸い議会が対中国へ対しては超党派で一致しているからまだマシですか。香港問題にしてもウイグル人権問題にしても議会はバイデンの弱腰対応を批判しています。「香港人権法」と「香港自治法」を議会から大統領に与えているから、バイデンが決断さえすればできるのにしない。

エルドリッヂ　私の印象としては、一般国民は、中国に対して別に厳しい見方はしていないと思っていましたが、実はかなり厳しい。たとえば二〇二一年三月のはじめに公表したピューリサーチセンターの三年ぶりの調査では、八九％の国民は、中国を敵ないし競争相手とみなしています。また中国に対して「冷たく感じる（cold feelings）」という人は六七％。そのうち、四七％は「非常に冷たく感じ」、前回の二〇一八年の調査から倍以上伸びた。

むしろ、実際は、中国の安い商品を買えるので、別にいいじゃないかとか、そんな意見が多いのではないかと推測していましたが、意外に共産党という独裁政権下の中国をしっかりみているると感じました。

今や中国は危険だと思っている人たちは、情報関係者、軍隊、公務員とか、経済界の一部だけではなく、一般の国民まで広がっています。

そういう意味では、やっぱりトランプがよくここまで中国に対する危機意識を高めたな、と思います。国民の大半が無関心・無意識だったところから、危機意識を持つ人々がいる段階にまで。

西村　何しろ武漢コロナの問題があります。アメリカ人が四十万人死にました。二〇二〇年の一月末に中国からの入国をシャットアウトしたのがトランプ政権です。トランプの功績は対中認識のコペルニクス的転換をなしとげたという点でも、もっと評価されてしかるべきです。

エルドリッヂ　バイデン政権は対中政策において新しい法案を可決しようとしています。米国には五十五の孔子学院（Confucius Institute）が存在していますが、そのうち四十八が大学の構内にあります。それらの孔子学院に連邦政府の予算が回らないようにする法案です。その法案の名称は、原題で「Concerns Over Nations Funding University Campus Institutes in the United States Act」ですが、頭文字をとって「ＣＯＮＦＵＣＩＵＳ法」と呼ばれています。

まるで孔子学院を名指ししているようです。

国防権限法にも同じような規定が盛り込まれていますが、今回の法案はその内容をより具体化したものです。トランプ政権下で誕生した法案で上院は可決しましたが、下院ではまだ審議していない。下院は民主党勢力が強いので、成立するかどうかわかりません。この法案の取り扱いでバイデン政権の対中政策がどういう考え方なのか、そのリトマス試験紙になるでしょう。

中国にべったりな人たち、たとえば学会とか大学とか、政治家には本当に多い。しかし、先にみたように、一般国民は中国に対して厳しい見方を持っている。エリートと国民の間のズレがある。これも日本と一緒、もう一つのパラレルです。

二十一世紀の文化大革命

西村　ＢＬＭのような「キャンセル・カルチャー（著名人をはじめとした特定の対象の発言や行動を糾弾し、不買運動を起こしたり放送中の番組を中止させたりすることで、その対象を排除しようとする動きのこと）」が、文化大革命と同じものだということを指摘しないとダメなんですよ。

エルドリッヂ　まさに、文化大革命のようにキリがない。結局、みんな犠牲になった。

西村　そう。あのときの中国と同じことが起きていますよ。それで日本にもその波が被ってくると私は予想しています。

エルドリッヂ　東京でのオリンピック開催直前にいろんな問題が発生しましたが、「五輪反対」からしてキャンセル・カルチャーです。それにトヨタなどの企業が関わっている異常さに気づくべきです。だから今こそ、「嫌われる勇気」が必要なのです。

日本社会全体がこの「嫌われる勇気」を失っていると思います。

私も沖縄のメディアにものすごく攻撃された経験があるので、今の状況がよく見えるのです。

西村　沖縄の問題は、実は日本の病気が全部集約されて象徴的に出ているんですよ。日本本土の先駆けになっている。メディア問題にしてもキャンセル・カルチャーにしても本土より先に沖縄で噴出している。

エルドリッヂ　先日、日米関係の学会がありました。内容は、経済、社会、安全保障。私は安全保障を担当して発表を行ったのですが、社会を担当した人がバリバリ左翼の女性。実は二十数年前、喧嘩《けんか》したことがあった人です。

今、関西のある大学の副学長を務めるアメリカ研究の専門家ですが、本当に左の人。

西村　いや、そういうのが多いんですよ。まともなアメリカ研究家がいない。

エルドリッヂ　二十年前に彼女とはアメリカの大阪総領事館で沖縄について講演した際に同席しました。小渕《おぶち》内閣のときですが、特別行動委員会（ＳＡＣＯ）の合意がすでに終わって、辺野古の最初の案が決まって、現地の意見を確認するために私は沖縄に行って調査してきたことを発表した。

するとその途中で、彼女は泣き出したんです。私は沖縄の分析をして、当時の沖縄ではこの埋め立て案は圧倒的な支持があると話したら泣き出して、「もうエルドリッヂさんの報告はひどい。沖縄のことを考えてない」と言う。

私は当時どちらかといえば反基地の立場だったけれども、その思想はひとまず置いておいて、事実はこうだという分析をしたのです。

当たり前ですが、沖縄問題は沖縄だけじゃない。日米中の関係で見ないといけない。だから一方的な話ではなく、三者の立場とか見解・報道を見なければならないわけです。

ところが彼女は泣き出して、私に対して、非常に感情的な言葉をぶつけた。

私は「あなたの話はなるほどわかります、だけれど私は沖縄の立場も含めてしゃべっているつもりですけれども、あなたは最近沖縄には行っていますか?」と、彼女に質問した。「今まで何回行かれたんですか?」。彼女はずっと下を向いている。

西村　一回も行ってないいんじゃないですか。

エルドリッヂ　正に！「え、もしかしたら行ったことないの?」と聞くと、彼女は「だって忙しい！　自分の研究があるから」と。「じゃあ、何もわからないでしょう」。

西村　それでどうですか。久しぶりに顔合わせて。

エルドリッヂ　彼女の発表はやっぱりひどかった。CNNのデータとか主要なメディアを使って出した結論が、アメリカの分断はトランプによるですから。

西村　まぁ最悪だ。一番のフェイクじゃないですか（笑）。

エルドリッヂ　そう。非常に一方的な発表であって、民主党の問題などは全然見ていない。イデオロギーに沿った分析ではなく、真実がほしい。

学生の反論に権力を行使する左翼学者

西村　巨大メディアの横暴によって、彼らが操作した情報しか日本に伝わってこない、という問題の指摘がありましたが、逆に日本の情報を、アメリカにどうやって伝えるかという重大な問題もあります。

結局、日本で何か起きたときにアメリカのメディアはいつも決まった人物を取材します。それも大抵が左翼。たとえば、上智大学の中野晃一氏という日本共産党に極めて近い、非常に悪質な左翼にコメントを求め、それを「ワシントン・ポスト」が大きく取り上げる。

中野氏のコメントは「ニューヨーク・タイムズ」にもよく載るのですが、オリンピックの前後はＮＢＣなど複数のメディアに取材されている。ＮＢＣはスポーツ中継に強く、オリンピックもずっと独占でやってきた有力メディアです。スポーツ中継に関しては定評がありますが、その周辺の記事になると、大変お粗末で、中野氏にインタビューする。

あたかも中野氏の視点だけが、まるで日本の世論の代表であるかのようにアメリカに伝わってしまう。これは日本の米国情報と一緒で、日本人がインタビューするアメリカの知識人もだいたい同じ人間です。イアン・ブレマーとか。もっと他にもいっぱいまともな人がいるのに。

中野晃一が、日本の代表みたいに言われているのでは日本人として面目ない。

エルドリッヂ　私はおそらく面識はないと思いますが、彼が本や新聞で述べていることは、私が知っている日本と全然違う国を語っている印象を持ちます。

先日退官した陸上自衛隊の友達の長女が上智大学に通っていて、実は中野さんの授業を取っていました。これは彼女のお母さんから直接伺った話ですが、あるとき、娘さんが中野さんの言ったことに対して反論したそうです。

彼女自身、国際経験が豊かで、さらに彼女のお父さんの仕事の一つが米海兵隊の連絡官でした。また、福島の震災の最中には、彼は宇都宮で中央即応連隊に勤めていた。つまり、日米同盟はもちろんのこと、自衛隊の国連平和維持活動や国際緊急援助活動にも詳しい。

そういうお父さんを持つ彼女が中野先生に反論したら、彼は彼女の単位を落としたそうです。

西村　酷いなぁ、それは。

エルドリッヂ　反論したらなんだか大問題になったようです。

西村　いや、そういう話は日本の大学では非常に多い。左翼教授がそういうことをする。慰安婦についてちょっとでも違うことを言うと落とす。女子学生に相談されたことがある。「酷いんですよ、うちは反日が多くて」と（笑）。

私は自分が教えている大学で、絶対そのような採点はしません。見解が違っていても。書かれたレポートが、論理的に整合性があるか、資料を適切に活用しているか、自分の頭で学生が考えているのか？　それらを採点基準にしています。

エルドリッヂ　この話がきっかけとなって、二〇一七年に「ジャパニズム」という雑誌に、私とケント・ギルバート、小川栄太郎《えいたろう》さん、KAZUYA君の四人で座談会をしたことがあります。反論した女子学生に単位を与えなかったという話を聞いて、あまりにも頭にきていたから。

左翼の先生たちは本当に酷いです。学生に対してのアカハラ、同僚に対してのパワハラはよくある話。大阪大学で勤務したとき、平和学の先生の研究室から逃走して泣きながら私の部屋に保護を求めてきた大学院生がいたほどです。暴言しがちな平和学の先生です（笑）。言っていることとやっていることが矛盾している。また、私に酷いパワハラをした国際人権法の先生は、面白いことに、全面禁煙だった研究棟内で勝手に自分の部屋だけ喫煙可にルール改正をしていました。

情報発信は安全保障問題

エルドリッヂ　西村先生がおっしゃったように、どうやって日本が、自分たちのことを世界に伝えるのか、というのはとても重要なことですよ。

今回のオリンピックは絶好の機会だったはずだったのに、その好機を逃しました。舌禍問題があったり、日本オリンピック委員会（ＪＯＣ）の問題があったり……。選手たちはメダルを多くとって大成功でしたが。

西村　ＪＯＣはもうダメですね。

エルドリッヂ　失言の問題に関しては、故意に日本が貶められたという側面もあるかと思います。失言しそうな人について回り、何かちょっとでも問題となりうる発言をしたら、すかさず騒ぎ立てる。

五年前、オリンピックの開催が東京に決まったときに、私はＪＯＣや誘致に関わった議員の方々に連絡しました。この件に関して、危機管理はしっかりしないといけない、なぜなら絶対に、中国がこれを利用して日本を貶めようとするので、オリンピック関係の広報・外交の危機、クライシス・コミュニケーション能力を徹底的に管理しないといけない、と。
中国がPolitical Warfare（政治戦）で使う武器は実に多彩です。プロパガンダや心理戦、メディア戦、贈賄、経済的脅迫など。実際に暗殺や拉致《らち》、物理的な戦争もあります。最近ではSNSも活用しています。

西村　安全保障問題の観点からの助言ですね。

エルドリッヂ　その通りです。ハニートラップも中国の得意技。美女とお金を用いて、政治家や役人、経済界に利益を与え、妥協させるように仕向けることも、中国で頻繁に採用されている手法です。
日本の大学教授で、有名なコメンテーターが、コロナ前に中国で開催された会議に参加したところ、彼に対して同様の試みがあったと、直接聞かされたことがあります。美人女性を同行させ、部屋にはお金が置かれていたとか。

西村　お金ならまだいいですよ。私の知っているビジネスマンは、商談と食事が終わって夜遅く部屋に戻ると、裸の女性がいた（笑）。これは本当の話です。

エルドリッヂ　二〇二〇年の十二月にある保守系女性政治家に会った際、菅《すが》前政権の閣僚を含めて国会の男性同僚の半数以上が中国にやられた、と教えてくれました。いわゆるハニートラップが多いですが、賄賂もあるようです。

その結果、中国に対する姿勢が明らかに変化したとも話していました。今回のオリンピックでも、やられてはいないでしょうか。

「政治戦」の最も陰湿な側面は、それが〝目に見えない敵〟であり、意見や思考、そして最終的には組織や国の政策や方向性を乗っ取り、影響を与えるところにあります。

西村　結局、その危惧《きぐ》は当たりました。

エルドリッヂ　そういう意味ではすべて敗北ですね。やっぱり仕掛けた人たちもたくさんいると思う。一生懸命ネットでアラ探しをしたのでしょうね。

西村　エルドリッヂさんがおっしゃったように、様々な工作が、破壊活動が実際に行われたと思います。

変なのを潜り込ませたでしょう。たとえば、最初のエンブレムを作った人間の会社、ドメインじゃなくて、ＩＰアドレスのアカウント名がＪＡＰだったのですよ。それから今回の表彰式の衣装のデザインを作った人物の、会社名がＪＡＰなのです。日本人への蔑称《べっしょう》ですよ。そういう人間を、わざわざ選んでいる。表彰式の直前に発表されたから変わらなかった。多くの日本人は怒っている。そのうえ、衣装も韓国の服みたいなデザインでおかしかった。あのデザインをしたのは日本人でしょうか。間違いなく、そういういろいろな工作を、されていると思います。

アメリカに復元力はあるのか

西村　日本ではアメリカが分裂するのではないかと心配する声もありますが、先ほどエルドリッヂさんがお話しになった三つの対立についてもう少し詳しくお伺いしたい。

先に私の見解を述べると、米大統領選挙を見ていて感じたのは、いかに危機になってもアメリカにはやっぱり復元する力があるんですよ、復元力が。リカバリーというか、リストアというか、回復しようとする力が絶えずあって、その底知れなさが日本から見ているととても不思議なんです。

アメリカは、一般市民の戦う力がすごい。大統領選挙のキャンペーンはほとんどリアルタイムで見ていたのですが、そこで名もなき人が、若いのは十五、六歳の黒人の男の子から、五十歳のおっさんまで、いろんな人が出てきてマイクでしゃべるんだけど、みんなのスピーチ力がすごい。

自立している感じが日本とは段違いで、やはり民主主義というのはこうだという、可能性をはっきり実感しました。

日本の民衆にあれだけの力はない。そもそも体力が違う。大統領候補にしても州をまたいで演説を繰り返して、よくぶっ倒れないなと思いますね。
日本が戦争に負けた理由は体力か、と思いましたよ（笑）。そして、この復元力がある限り、アメリカは大丈夫だと思っています。

エルドリッヂ　まずアメリカの復元力についてですが、私がちょっと疑問なのは、アメリカはこの二百年間、経済的あるいは国の領域、インフラなど国家全体が向上をし続けてきたのですが、ここ五十年近くは、米国経済を支える各家庭の収入が改善されていないのです。
だからインフレーションと収入がマッチしていない。インフレーションのほうが常にちょっと高い。ですから、この五十年近く、実質賃金が上がっていないわけです。だけど、負担額はものすごく多くなって、医療にしても、住宅にしても、ガソリン、車、学費、すべて負担が増えている。給料がそれにマッチしていない。

西村　特にバイデン政権になって、ガソリンだとかすごく値上がりしているじゃないですか。

エルドリッヂ　だから私は、復元が非常に難しいと思うんです。
先にも述べたように国民は希望を失っている。特に若い人たち、二十代、三十代のミレニアル世代が、非常に希望を失っていると思います。

西村　学費も高いですよね。大学に行くと返せないことが問題になっています。
それでみんなローンでしょう。ローンじゃないと、普通の勤め人には到底払えない。

エルドリッチ　結局その学費のローンがあるので、家のローンはなかなか組めない。で、家を買えない。いつも借りる。レント（賃貸）で終わってしまう。なかなか結婚もできない。これは大都市だけではなく、各地の現象です。

西村　やっぱりアメリカも少子化は深刻ですか。

エルドリッチ　白人の間では少子化。移民は依然として増えています。

しかし、それがポイントなのではなくて、学費が非常に高い、よい仕事が回っていないというスパイラルが問題。大卒でもスタバとかで勤める人が少なくない。

さらに国民保険がないため酷い待遇でも会社を辞められないし、起業もできないことはすでに述べました。

二〇二一年の十二月末には、コロナ禍で現在減免されている住宅ローンや家賃の未払いによる立ち退きの禁止といった救済措置が終了するため、家を失う国民が増大します。また、感染防止対策の結果、会社やレストランの六割が経営不振で閉鎖しました。アメリカの医療保険は就職が条件で加入することができるので、多くの失業者が出ているアメリカでは住まいも医療保険も失う人が続出します。路頭に迷った国民による革命が起こる可能性すらあります。

西村　先ほどの無党派層が増えている話につながるわけですね。だとすると、なおかつ、フラストレーションが溜まって、つい左になっちゃうということはありませんか。極左とか。

エルドリッチ　徐々にプログレッシブたちへの支持が増えてはいても、政権交代になるほどの力はない。

巨大IT企業の言論弾圧

エルドリッチ　それからアメリカの分断についてですが、先ほど挙げた三つの対立のうち一番深刻な問題は、裕福な人と、そうではない人たちの格差。これがものすごく、生活者としての国民のストレスになっている。

西村　超格差社会の上位一％にいる人たちは、どういう分類になるのでしょう？　ウォール街やシリコンバレーの連中、いわゆるグローバリストと言われる人たちは？

一方、中国はそういう中国の巨大IT企業、ジャック・マーのアント上場が阻止され、アリババにも規制が入ったように、ＢＡＴＨ（百度、アリババ、テンセント、ファーウェイ）などに対し規制強化が簡単にできる。これは国民に対してのガス抜きにもなり、喝采を受ける。他の民間のグローバル企業への牽制《けんせい》にもなる。

アメリカが、ＧＡＦＡに対して同じことができるかといったら、なかなかできませんよね。そういう意味では、中国のほうが優位性があるのではないか。

革新系、エルドリッヂさんに言わせれば健全、まともな人たちはＧＡＦＡのような巨大ＩＴを、どのように見ているのでしょう？

エルドリッヂ　ものすごく厳しい見方をしています。

その理由は、彼ら自身が酷い言論弾圧を受けているから。特にＳＮＳ、ツイッターやフェイスブックなどの企業メディアは、極めて不公平な支配をしている。基準もバラバラです。

企業メディアに対して抵抗するユーチューブのようなネット番組が、どんどん潰されている。言論の自由がなくなっている。

プログレッシブたちは、巨大ＩＴが利益を貪り、富を集中し、格差を拡大していることへの批判もしていますが、それよりも言論弾圧という憲法違反を犯していることに対し、より厳しい見方をしているのです。

「企業だから仕方ない」と、いう人もいるけれども、今の時代、言論を発信する場はネットですから、ネット番組はある意味で公のメディアといっても過言ではない。

だから彼らは、政府は、言論弾圧をきちんと規制して、言論の自由を保障させるべきだ、という議論を展開しています。

私は、すべての問題のなかで、言論の弾圧が一番恐ろしいと思う。

なぜなら、何か違法なこと、場合によっては暴力を受けても、言論の自由があれば訴えられるでしょう。しかし、言論の自由がなくなったら、それすらできない。

だから富の集中も問題ですが、言論の弾圧のほうがより恐ろしいと思う。

「分断」は今に始まったことではない

エルドリッジ　けれども、依然としてメディアや既存の政党は、格差ではなく左・右の対立構造で見せようとしている。本当の問題は、この関係だと思っています。

宗教的には、無宗教の人が途中から宗教的になったり、逆になったりすることもありますが、やっぱり宗教的であることは健全なことだと思う。どのような問題でもある宗教的な結論を導き出すまでには、相当考えをつくしているでしょうから。

だから、今このとき、アメリカがどうなっているのかということより、流れのなかで見る必要があると思う。

私が強調したいのは、アメリカの分断は今に始まったことではないということ、アメリカの歴史そのものが分断の歴史なんだということです。

州によっては支配者の違う植民地もあったし、違う宗教によって作られた植民地もあったし、違う国の介入もあった。オランダとかイギリス、フランス、スペインとか、いろんな人たちがいて、さらに地域性の違いもあるし、その地域が背景とする基盤の違いもある。商業とか農業とか。

バリバリの商業地域と農業地域、田舎と街では、かなり異なるでしょう。そして、豊かな人とそうではない人たち、いろんな違いがある。

たとえばメディアが批判する例として私が特筆したいのは、トランプによって各家庭が分断していると言われていることです。それは事実だと思う半面、決して新しい現象ではない。アメリカ建国者の一人であるベンジャミン・フランクリンの家でさえも分断していた。ベンジャミン・フランクリンの息子はイギリス寄りだった。ベンジャミン・フランクリンは独立派だったから、同じ家の中でも父子で方向が全然違っていた。

西村　それは素晴らしい例ですね。それとアメリカは建国から分断しているとおっしゃいましたが、だからそれを結合する合衆国としてのモラルと愛国心があった。常識と宗教と憲法がアメリカをまとめていた。それが崩壊しているのが問題だと思います。

エルドリッヂ　だから、アメリカの分断自体は新しい現象ではない。問題は、分断をいかに乗り越えられるのかということ。再結束、再統一できるのか、なのです。歴史的に分断を乗り越えてきたのがアメリカです。けれどバイデンにはできません。彼は本気でそう望んでいるのだろうが、能力的、性格的に無理でしょう。

西村　やはり今の日本は、今のアメリカの鏡です。〈アメリカの鏡〉と言えば、ヘレン・ミアーズが『アメリカの鏡・日本（*Mirror for America: Japan*）』という素晴らしい本を書いてます。大東亜戦争でのアメリカの対日研究の一環だった。米国の文化人類学者であり、米戦時情報局（Office of War Information）の日本班長であったルース・ベネディクトによる『菊と刀（*The Chrysanthemum and the Sword: Patterns of Japanese Culture*）』も対日研究のために書かれた本ですが、ミアーズの『アメリカの鏡・日本』のほうが遥かにレベルが高い。レベルが高すぎてアメリカの問題もいっぱい指摘されていたので、まずいと思って、GHQが発禁にしたんです。

それが今、起きている。日本はアメリカの鏡だけど、アメリカも日本の鏡になってしまったということです。

エルドリッヂ　そういう意味では、日本の運命は、アメリカの運命でもある。歴史的に、ものすごく連帯的な意味がありますね。

第二章

日本を蝕む三つの幻想

日本の自立を阻む三つの幻想

西村　戦後の日本人にはぬぐいがたい大きな三つの幻想があるんです。第一に、いざとなったらアメリカが守ってくれる。第二に自衛隊は戦えば本当は強い。そして第三にそうは言っても中国だって本音では戦争をやりたくないでしょうと。

エルドリッヂ　その指摘はすごく重要です。ではその幻想を一点ずつ崩していきましょう（笑）。まず、アメリカが日本を守ってくれるですが、まがりにもなりにも主権国家であれば、自国のことは自分たちで守るというのは大前提で、言うまでもないことです。憲法九条で軍隊を放棄してはいても、明らかに外国勢力から日本を守っているのは自衛隊であり、米軍です。主権国家を成り立たせるためにはその意志と実力（軍事力）が必要ですが、日本には国家意志がみられない。はたして日本は主権国家といえるのか、というのが第一点。

次にアメリカが日本を守るのはそれがアメリカの国益につながるからであって、善意ではない。そしてこれまで見てきたように、アメリカの力は相対的に弱くなっている。その一方で、中国の軍事的脅威が明らかに高まっている。覇権に向けての意志と力を隠さなくなりました。やはり、日本は長年アメリカに委ねてきた自国の安全保障を、その習慣を見なおす必要がある

日本の周辺は大規模な軍事力が集中（概数）

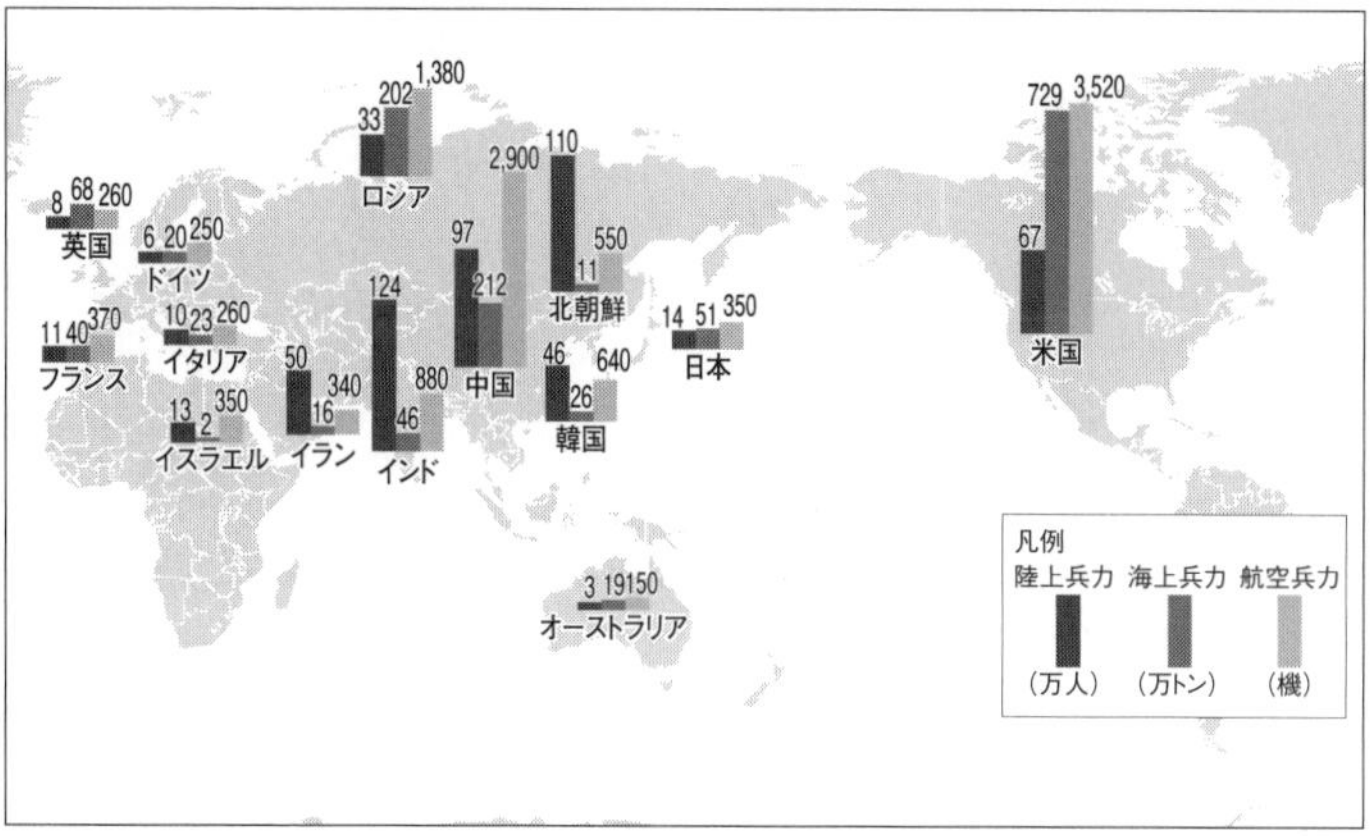

出所：令和三年度版「防衛白書」

と思います。

西村　完全な依存ですよ、依存。アメリカの国防総省予算が約八％削られ、海外緊急作戦予算も廃止された。もはやアメリカに他国の面倒などみてる余裕はないということで、気づけば日本は中国と真正面から対峙《たいじ》している、というのが今の東アジアの状況でしょう。当事者は日本なんです。

　それなのに、日本の軍事的な拡張に対し長らく続いているのが、「オフショアの戦場としてアメリカに利用されるだけだ」という日本の左翼の批判です。日本が軍事的な能力をすべてアップすることは、本当のアライアンスになるに違いないのにそれが理解できない。理由は軍事アレルギーという病気です。

　だから、日本の軍事力は絶対に利用されるだけじゃないということを、声を大にして言わないといけない。

左翼は確信犯ですが、一般的の日本人でもこうした言説に騙される。日本が軍事を増強すると、米軍の尖兵として利用されるだけだとか、アメリカの戦争に巻き込まれるとか、そういう発想自体が、実は隷属している証左なのに自覚がないから困ります。逆なんです。日本がきちんと自立していれば、巻き込まれるのではなく、むしろ日本の戦いにアメリカを巻き込むことができる。そういう意識を持たないとダメなんですよ。

だから、「日本と台湾は、もう友人ではなくて兄弟だ、家族だ」と言った、中山（泰秀）副防衛大臣の発言は、実は素晴らしい発言で、そういうふうに意識を転換させないとダメだと思うんです。さらに、九月の麻生太郎副総理の台湾有事には日本の集団的自衛権を行使するという発言と、それを政府見解だとした岸信夫防衛大臣の発言は極めて重い。なのにメディアは報道しません。

エルドリッヂ　対中国でいえば、沖縄県の下地島《しもじ》には三〇〇〇メートルの滑走路を持つ巨大空港があり、ここを自衛隊、特に航空自衛隊の戦闘機や海上自衛隊の偵察機が使用できるようになれば、尖閣防衛の大きな抑止力となります。ところが、五十年前の「屋良《やら》覚書」が空港建設の許可の条件として、民間航空以外の使用を認めていないため、軍事目的の利用ができなくなっていました。

現地でも自衛隊を誘致する動きがありましたが、沖縄県庁はこの覚書を理由に抵抗し続けてきた。

そればかりか、人道活動でさえ沖縄県庁は反対し続けています。米軍が海外演習や、インド洋地震・津波（二〇〇四年）への救援活動のための給油さえ反対し、最低限の協力もしてきませんでした。

しかし、五十年前の一九七一年と今では状況があまりに違う。

人民解放軍が宮古海峡に軍艦や潜水艦を送り込み、偵察機などの軍用機が上空を通過するのが常態です。しかも、宮古島の漁師たちは、中国の威嚇や嫌がらせを恐れて、自国の海で漁をすることができないというのにルールを変えようとしない。

現状はわざわざ那覇空港から飛ばさないといけません。

西村　那覇は遠いですよ。下地島が一番いいんですよ。石垣島や宮古島の防衛にもなるしね。

エルドリッヂ　そう。石垣のほうに海上自衛隊を配備し、下地島に航空自衛隊の配備ができたら、ピンポイントで対応できます。それなのに日本はどっちもやれない。

昔から反対する大きな理由が、軍事利用できる施設を持つと戦場になるということです。正直、それは否定できない。否定できませんが、それ以外の選択は何かというと戦わずして奴隷になることです。

だから嫌な選択ですが、戦場か奴隷かなのです。左翼はたぶん奴隷を選ぶでしょう。しかし、第三の道は、戦場にならないように抑止力を高める、というものです。だから、下地島空港の軍事使用が必要。

西村　その通りですね。だから、南西諸島への対艦ミサイル基地の整備なんていうのは、当たり前のことで、中国の侵略に対して、日本と太平洋を守るための行動です。

そういう意味では、ミサイル群の構築は必須です。宮古島の重要性を二〇一五年二月にカイル・ミゾカミ氏が「日本が戦争でシナを打ち破る基本計画」に書いています。これによれば、日本が軍事費でかなりシナに劣っても、宮古島中心のレーダー網とミサイル配備によって宮古海峡でシナ艦隊を封じ込めることができるという。

そういう新しい視点を日本が持たないといけませんね。現実問題に対しアメリカと一緒にやっていくっていうことですよ。

アメリカは日本の核武装を許すようになった？

西村　それで、ちょっとお訊きしたいのですが、その先の問題として。

一九八〇年代にレーガンがソ連に勝った理由の一つは、パーシングの配備。当時の西ドイツへの、中距離核弾頭ミサイルの配備です。それはソ連がＳＳ20という中距離核弾頭を七〇年代の中盤からどんどん東ヨーロッパに展開していったという背景があったからです。あのとき、西ドイツは左派政権のシュミットですけど、パーシングという核ミサイルを配備したわけです。

あるいはいろいろな情報工作もあったでしょうけれど、八〇年代の東欧諸国がだんだん民主化に向かっていき、ついにソ連が冷戦に負けた。

やはり、ソ連敗北の大きな原因というのは、ＳＳ20に対してレーガンがパーシングを配備したことが主因だと思うんです。そして、お互いの中距離核弾頭ミサイルを撤去することに成功した。

そう考えると今の冷戦というのは、ベルリンの壁ではなく、最前線は〈東京の壁〉だと言えるのではないか。東京に、インビジブル・ウォールがある。見えない東京の壁の東側に集まる日本のメディアが東側から電波を出している。

私はその日本の〈見えない東京の壁〉というのは、世界からの情報をサイバー空間で遮断する北京のファイヤーウォールにつながっていると思っています。

最近はもう、香港までが北京のファイヤーウォールに入ることが決まってしまいましたから、これから世界中の金融界は大変なことになります。香港から撤退しなくちゃいけなくなる。日本企業も全部そうですね。アメリカもそうなりますけれど。

そういう状況のときに、やっぱり今の日本に一番必要なのは、一九八〇年代の西ドイツが配備した中距離核弾頭ミサイルと同じものを日本列島に配備することだと思います。

そのためには、南西諸島の対艦ミサイル配備も当然のことです。さらに非核三原則を、見直す必要がある。これは、閣議決定ですぐにできる。

その中距離核弾頭ミサイルの配備のときに、アメリカ製の核弾頭ミサイルだけではなくて、日本も自国で管理しましょう、と。つまり日本が核保有国になるには、それが自然だと私は思うんですよ。

したがって、もしそういうことになったら、アメリカ合衆国が日本の核保有を許すかどうか、ということを前から聞きたかったんですよ（笑）。

エルドリッヂ　今のお話のなかに、二つほど重要な点がありました。冷戦の終結のことと、現在の問題。

まず冷戦のほうからいうと、私もミサイル配備は冷戦終結の一つの大きな要因であったと思います。

しかしそれ以前に、ソビエト連邦は不自然な国体でした。東ヨーロッパや中央アジアの国々を強引に引き入れて旧ソ連をつくってしまった。それらの国々では互いに嫌い合っている民族が山ほどいるのに。案の定、次々と独立したのです。

つまり、ソ連はそもそも国家の成り立ちが不自然であり、常に微妙で脆弱《ぜいじゃく》だった。一方、旧ソ連の人々は自由が制限され、物資が欠乏する生活を強いられていました。まだ今のようにＩＴが発展していないなかにあって、彼らは西側のような生活をしたいと、懸命に情報を集めようとしていた。すでにソ連政府は国民の支持や協力を失った状態だった。

旧ソ連諸国が当初目指そうとした古い体制では、ソビエト連邦は維持できないことがわかっていました。また今と違って、経済が不自由だったので、世界的に競争できない状態でした。

西村　そこが今の中国と全然違いますよ。その違いは大きい。

エルドリッヂ　不動産や政府系および中国共産党系企業の非効率な経営などそれぞれ問題を抱えていますが、中国の経済力は、たぶんしばらく続くでしょう。独裁政権だから為替の操作や民間企業からの利益の収奪といろいろできるし、デジタル監視社会でありながらも、人民には旅行、仕事、経済活動など一定の自由がある。情報はある程度得られるので、中国社会はガス抜きが多少なりともできていると思う。しかし、旧ソ連はそれがまったくなかった。

中国は、旧ソ連の崩壊をそうとう研究している。ですから、残念ながら今の体制はしばらく保つでしょう。

唯一の被爆国は強烈な外交カード

エルドリッチ　次にミサイルの話ですが、数年前石破茂さんが、西村さんと同じ核保有論を議論していました。

私にはそれがすごく新鮮だった。自分で作るか、アメリカとの共同シェアリングするのか、あるいはアメリカの管理下にある核を配備するという、三つの案だったと思います。

基本的に民主党は核拡散に対して抵抗がある。日本にそういう技術を持たせたり生産を許すことは、反核拡散政策に反するという解釈をします。だから、一、二の案は、特に民主党からの抵抗があると思われるので、第三案をつくったのでしょう。

一方共和党は、トランプが二〇一六年の選挙のときに日本も核武装したらいいと発言したくらいですから、日本の核保有に対しては、そんなに抵抗はないと思う。

ですから、アメリカの現政権は、日本の核保有には抵抗があると思う。民主党の本来の政策が核拡散に反対だからです。後は、核問題は面倒くさいから。面倒くさい外交はやりたくない、という面もあります。

西村　共和党は「アメリカ・ファースト」だからこそ、「世界の警察官」をいつまでも続けることはできない。それならアジアは信頼できる相手と一緒にやればいいし、もし日本がそうなら大部分を任せてもいい。ヨーロッパならイギリスかフランスかドイツに任せる。民主党のほうが、第二次世界大戦の後のワールドオーダーという国際秩序を壊したくないのでしょうね。

共和党はむしろ、第二次世界大戦後のワールドオーダーは、必然的に変化していっても構わないと思っているように思えます。

エルドリッヂ　民主党のカーター政権時、日本の東海村での核技術の提供にはかなり抵抗しています。もともと核技術協力は、共和党政権のアイゼンハワーのときでした。

西村　アイゼンハワーは「アトムズ・フォー・ピース（原子力の平和利用）」という演説を国連でしましたね。アメリカの核技術を農業や医療、発電など原子力の平和的な利用を国際的に推進する姿勢を示したし、この演説が国際原子力機関（ＩＡＥＡ）設立にもつながった。

エルドリッヂ　日本では確か正力松太郎《しょうりきまつたろう》とか、中曽根康弘が中心となって原発導入に動きました。

西村　正力松太郎さんは、ＣＩＡとかなり密接な関係があったと言われていますけれど、しかし決して悪い影響ではないと思うんですね。日本では悪名高いＣＩＡですが、むしろ日本の独立派じゃないですか、正力松太郎と接触していたＣＩＡの人っていうのは。ＣＩＡにもいろいろな人がいるでしょうし。

アイゼンハワーだって、岸信介と非常に関係が良かったわけで、それがニクソンに続くわけです。確かに、そこが民主党と共和党の違いとしてある。そういう意味ではずっと変わってないですね。

エルドリッヂ　ただ結構ごまかしている人もいる気がします。超党派でいるけれども、微妙な違いがある。

西村　カーターは日本が核の技術を持つことをそんなに嫌ったのですか。

エルドリッヂ　彼は核エネルギーの専門家です。海軍では潜水艦で勤務し、ハイマン・ジョージ・リッコーヴァー提督――この人は王様みたいな人ですが――によりアメリカ海軍の原子力潜水艦の開発推進プログラムの担当者に選ばれています。

西村　知らなかった。カーター大統領にはそんな印象は持っていませんでした。

ただ、日本はプルトニウムをちゃんと蓄えていますよね。オバマ政権のときに一回文句を言われたけど。相変わらずプルトニウムをしっかり持っていますよ。だから、核兵器を作ろうと思えばすぐ作れるんですけど……。

エルドリッヂ　私も日本は核兵器を開発し保有する能力はあると思います。また核保有に向けて原発のようにアメリカからの協力を得るという選択肢もあるでしょう。ただ、私は日本が

「核保有国」になることは積極的には推奨できない。その理由は、日本が「唯一の被爆国」であるというカードは外交的にはものすごく有利だからです。

西村　非常に不幸な歴史ですからね。

エルドリッヂ　日本に対して誰も文句が言えないカードがあるということは日本にとってはとても有利です。

言い方は良くありませんが、そのカードは最後まで持つべきだと思います。とはいえ、核兵器の研究はギリギリまで進めるべきです。アメリカとの信頼関係がなくなるかもしれないし、核の傘から外れることも想定し、いつでも核開発に切り替えられるようにする。そういうスタンスがよいと私は思っています。

日本はすでに「核保有国」!?

西村　興味深いことという人がいます。事実かどうかちょっと伺いたいのですが矢野義昭さんといって元陸将補の方で、情報機関でもある陸上自衛隊小平学校の副校長まで務めた立派な将軍です。

エルドリッヂ　私も彼とは長年付き合いがあります。大変尊敬しています。

西村　その矢野さんから以前聞いたのですが、実は日本は戦争中に、核兵器の実験に成功していたといいます。終戦の三日前、八月十三日に。それはアメリカ軍も知っていて、だから日本はすでに核拡散防止条約（NPT）に制限されない「核保有国」であると。

これについてはどう思いますか？

エルドリッヂ　その話そのものは聞いてないけれども、ギリギリまで進んでいたという説はありますね。

西村　そうなんです。理化学研究所（理研）が作っていました。

エルドリッヂ　その設備を二度と使えないように、米軍が海に廃棄したという説もありますね。どこかで読んだ記憶がある。だから、実験が成功したということは記録に残っているはず。

西村　米軍の記録に残っていると、矢野さんも言ってました。

核兵器の実験に成功した核保有国だから、NPTには抵触しないし、アメリカとちゃんと話をすれば大丈夫だと、彼は言っていましたが（笑）。

話を戻すと、確かに、核攻撃を受けた唯一の国だということは、カードにできますよね。それはおっしゃる通りだと思うのですが、ただ、持たないと、今の世界的な構造のなかでは、お話にならないような気もする。

連合国（国連）を見ても、常任理事国はみんな核保有をしているわけですから。北朝鮮は日本が核保有国でないということを取り上げ、交渉のテーブルに着く資格がないとまで言い放っています。

エルドリッヂ　昨今の人民解放軍の高官の発言や共産党が作った映像――これが、日本も核保有してもいいという、一つの理由になるかもしれませんね。

西村　それを聞きたかったんです。

エルドリッヂ　二〇一七年十二月、「CPAC-Japan」という共和党系の集まりが東京であって私も呼ばれたのですが、登壇したセッションは、安全保障についてでした。その場にインドの元将軍の人もいて、「日本は、核を持つべきだ」と論理的に説明した。すでに世界に核は拡散しているのだから、どうせ持つのだったら危険な国ではなく、信頼できるところが持ったほうがよい。特に民主主義で文民統制がなされている日本こそ、絶対に持ったほうがいい、と。私もかなり説得されたんです。

西村　私もあのイベントに参加しました。ゴードン・チャン氏とペマ・ギャルポさんの三人でディスカッションしました。インドはそう言うでしょうね。パキスタンに持たれるんだったら……と。パキスタンや、北朝鮮が、核を持つんだったら日本のほうが遥かにいいと思うでしょうけど（笑）。

エルドリッヂ　私はそれでもよい、と思います。

やっぱり冷静に見た場合、中国が脅威どころか、脅迫してきているわけです。そういうなかで、QUAD（クアッド）の一国であるインドが「ぜひ持ってください」と言っているのだったら、私に強く反対する理由はない。

自衛隊は実戦では「戦えない軍隊」

エルドリッヂ　次に、いざとなったら自衛隊は強く、中国からも守ってくれるという幻想を検証したいと思います。

しかし現実には自衛隊の問題は多々あって、まず法律に縛られ過ぎている。世界の軍隊では兵隊がやってはいけないことを列記した「ネガティブリスト」なのに対し、反対に自衛隊はやるべきことを記した「ポジティブリスト」です。戦場のような何が起きるかわからない、不測の事態の連続する状況では兵士の行動を最小限に縛る「ネガティブリスト」でなければとても戦えるものではない。それを「ポジティブリスト」で事前に規定していること自体が戦場を知らない、机上の空論以外の何物でもありません。

また、事なかれ主義的なところが多いですし、正直「戦えない組織」です。そもそも、実戦経験もなければ海外活動の経験も極端に少ない。

三・一一の際に米海兵隊はトモダチ作戦の一環として、仙台空港の復旧を行いましたが、自衛隊には同じことはできなかったと思います。という以前に、そもそも彼らはタッチしようとさえしなかった。なぜなら、仙台空港は民間の空港だから自衛隊には関係ないという認識なんです。前述の軍事利用を禁止した「屋良覚書」のような発想に自衛隊全体が縛られている。しかし、有事ともなれば軍も民も関係ない。使えるものはすべて使う、というのが米軍の発想であり、どこの国の軍隊でもそうです。大局的に見ているわけです。

日本の場合は自分の組織という縦割りで判断している。

西村　なぜそうなっているかというと、官僚制という行政の欠陥はもちろんのこと、特に自衛隊の場合は、軍として認められていないという憲法九条の問題があるからです。

加えて、自衛隊法という悪法に雁字搦《がんじがら》めに縛られているから、自主的に何もできない。おっしゃるとおり、ポジティブリストですから。

実戦経験がないというのはスポーツの話で考えればよくわかると思いますが、そういうチームはまず勝てない。実戦に限りなく近い練習試合も行われていない。自衛隊の訓練では実弾をほとんど撃たせてもらえないと聞きますが、だとするとシュート練習さえまともにできているのか、心配です。

エルドリッヂ　ですから、おそらく自衛隊には空港を復旧させようという発想がそもそもなかったと思います。

先ほど、西村先生が官僚制という言い方をされていましたが、その通りだと思います。これは文民統制以前の問題。文民統制は民主主義において非常に大事なのですが、その前提には軍事を知る文民の存在が欠かせない。日本の政治家のほとんどは軍事のことを知らず、自衛隊出身の政治家もわずか。

西村　それでいうと、拉致被害者の救出を自衛隊が行うという発想がない。なかには「なぜ自衛隊がそんなことやらなければならないんだ?」なんていう自衛官がいる始末です。自国民が拉致されるような明らかな主権侵害の場合、どこの国の軍隊だって救出しようとするのが当たり前じゃないですか。アメリカじゃなくたってそう。自国民を外国から守る意志と能力がなければ主権国家とは言えないし、政府が国民をまとめることなどできるはずもない。

宇宙戦争が優位なうちに台湾侵攻を狙う中国

エルドリッヂ　日本人で一番ひどいのはいくらなんでも中国が日本に対し軍事侵攻という一線を越えることはないだろう、という幻想でしょう。しかし第三者の外国人からみるとなぜ日本人がそう信じているのかがわからない。中国は世界覇権への野望むき出しで、アメリカにさえ強硬姿勢を隠さない。中国共産党の歴史を紐解《ひもと》けば、毛沢東《もうたくとう》をはじめとして力を蓄えるまでは牙を隠す「韜光養晦《とうこうようかい》」外交に徹した鄧小平《とうしょうへい》にしても、中国の歴代指導者たちは覇権への意志は常に持っていました。ただ能力がなかったからやらなかったに過ぎない。

現に自分の力を示せるチベットやウイグルでは侵略を公然と行っている。日本人が危機意識を持つために香港の国内状況をよく見る必要があります。

これはよく言われる警告ですが、「今日の香港が明日の台湾。明日の台湾は明後日の沖縄」。香港や台湾は他人ごとではない、明日は我が身ということです。侵略の危機は目前に迫っています。

西村　それが一番の問題なんですね、危機感の喪失、当事者意識の欠如というのが。

私が一番びっくりしたのは、インド太平洋軍の司令官のフィリップ・デービッドソン氏が、二〇二一年三月に、「今後六年以内に中国は台湾に武力侵攻する可能性がある」と証言したことに対する日本人の反応です。

もちろん「危機感を持った」という人は多かったのですが、そのほとんどは「日本が巻き込まれるから危機感を持つ」と。

これにはもう、びっくり仰天した。何を言っているのかなって、日本人としてすごく恥ずかしくなった。巻き込まれるんじゃなくて、自分たちが当事者だというのに。この期に及んで中国から侵略されるのは自分たちだという認識が欠如している。

エルドリッヂ　日本のメディアを見ていると、極東情勢をいつも米中対立という文脈で報じています。特に台湾海峡は、日本が巻き込まれると他人ごとのような言い方。非常に違和感があります。

先日、岐阜市で講演会がありました。野田聖子さんの地元らしいのですが、私はそれを知らなくて、いつものように中国を批判した。野田さんの背後には親中派の二階さんがいます。後でわかったことですが、会場には県議会や市議会の方々がたくさん来ていた（笑）。主催者がちょっと左っぽい方だったんですけれど、「講師と違う見解の方もいると思いますけれども、いかがでしょうか？」なんて言う。普通は、そういう言い方しないでしょう。

西村　ひどいですね、それは。

エルドリッヂ　面白いことに、あまり質問がなかった（笑）。そこでこの講演会でも、なぜインド太平洋軍司令官が「六年以内」という発言をしたと思うかと、反対に会場の皆さんに質問し、このような分析を示しました。

私の推測では、中国の宇宙戦争との文脈からだと思います。

元「ワシントン・タイムズ」の国防担当の記者だったビル・ガーツさんの本によると、中国は長年宇宙戦争を想定して、すでにレーザーあるいはミサイルを使って、人工衛星を落とす能力を持っている。実際、〇七年一月に直接上昇方式のミサイルSC-19を発射して、自国の気象情報衛星を爆発させ、多くの宇宙ゴミを拡散した。あれから少なくとも一五年十月から四回ほど同様の実験を行っています。

中国は宇宙ごみ（デブリ）の回収をロボットアームにより行っていますが、実際にこれを自国の衛星につけることで、他の国の衛星に被害を与え、軌道から降ろしたり、外したりすることが可能です。

表向き中国は、宇宙のために宇宙ゴミを撤去すると言っているけれど、本音は軍事使用が目的なのでしょう。トランプ大統領が作ったスペース・フォース（米宇宙軍）も、それを懸念しています。

それを考えると、アメリカや友好国が衛星の防衛システムを配備できるのは早くても二〇二六年。ですから「六年以内」という発言の背景には、宇宙戦争を踏まえたうえでのことではないかと思っています。これは私の持論で、何も秘密な情報があるわけではないのですが。つまり、二〇二二年北京五輪後から、二〇二六年までの四年間が最も危ない。

なぜ宇宙戦の問題が重要かというと、人工衛星が破壊されるとGPSをはじめ、通信といった近代戦争のツールが使えなくなるからです。相手の衛星を無能化することにより敵国軍の手足を縛り、すぐに降伏させるというのが中国の戦略です。

実は宇宙戦争は中国が非常に有利です。中国を甘くみてきたアメリカが、宇宙産業で協力してきたからです。それによって中国の宇宙産業分野での急成長を許してしまった。

つまり、中国はしばらくの間、いつでも台湾を侵攻できる状況にあるのです。

もちろん装備などは、アメリカ軍は優れていますが兵力的には中国が有利で、しかも、地理的に台湾に近い。さらに、軍民協力で、民間のフェリー、飛行機なども使える。特に二〇二五年ごろには、ものすごく中国が有利になります。

現時点ではアメリカ軍がまさっている分野も、中国が手をこまねいているはずもないので、この五年間で逆転する可能性がある。

だから、日本は知らんふりはできないです。決して、他人ごとではないのだから。

二〇二五年がターニングポイント

西村　ＧＰＳをやられたらまったく戦えないですからね。戦闘機も飛ばせないし、戦闘機と駆逐艦の連絡だってできなくなる。

日本もデブリを取る人工衛星を上げますよね。そういう計画があるから、どんどんやればいい。日本だってその人工衛星があれば、力を発揮できるわけです。

これは偶然ですが、私がアメリカの保守本流だと評価するパトリック・ブキャナンの著作に『超大国の自殺——アメリカは、二〇二五年まで生き延びるか？』という本があります。約十年前に出版された本ですが、二〇二五年前後というのは、国際情勢におけるターニングポイントになっている。

トランプ政権で国家通商会議委員長を務めたピーター・ナヴァロも『デス・バイ・チャイナ（*Death by China*）』（中国による死）のなかで二〇二五年に言及しています。これは習近平《しゅうきんぺい》が掲げる「中国製造二〇二五」を念頭に置いてのことです。

もう四年後ですよ。中国共産党の国家目標として電気製品から、スマホから、自動車も全部含めて中国は世界のトップになると豪語している。

これを敷衍《ふえん》させて考えると、二〇四九年の建国百年には、世界制覇を目論んでいるわけでしょう。

習近平のいう「中華民族の偉大な復興」というのは、まさに二〇四九年に世界制覇をするということでしょう。その二〇四九年にしても、考えてみたらそんなに先のことじゃない。時間を巻き戻して二十八年前に何が起きていたかは、はっきり覚えているほど近い。だから二十八年先というのも遠くない未来です。

ここへ来て、アメリカだけではなく、ＥＵやイギリスも、中国リスクというものへの認識が高まっている。危機感は個々の国によって温度差はあっても、ＥＵの法律にしたって、中国とのデカップリングを進める方向にどんどん行っているように思いますが。

エルドリッヂ　でも、まず日本がデカップリングしないと、日本の経済に依存しているより小さな国々にそれができるはずはない。

西村　そうですよね。東南アジア諸国がデカップリングできないのは日本の責任でしょう？　それはアメリカにとってみたら嫌じゃないですか。

エルドリッヂ　ただアメリカも、本当にデカップリングをやっているかどうかは疑問です。

西村　疑問ですか？　議会はかなり真剣じゃないですか？

エルドリッヂ　でも自分たちの利益につながるとなると、企業は抜け穴を必死に探す。

二〇二一年六月に、ある輸出企業の集まりがあったので、私はリモートで中国の日本に対する政治戦争の話をしました。もう一人の講師は、ベトナムにおける中国の活動について。要するに発表者は、デカップリングの重要性を訴えたわけです。

このような内容の講演を今、訴えなければならないというのは、デカップリングの途上であることの証左です。輸出業界においても、まだまだ中国の脅威に対する認識は薄いのです。

西村　日本は、アメリカがうるさいからしぶしぶやるというぐらいのものですよね。積極的にデカップリングしようと思っていないし、できるとも思っていないんじゃないかという感じもします。しかしそれは許されない。

その点EUは日本よりもしたたかで、人権問題で中国を叩こうとするアメリカに対し環境問題での協力を隠れ蓑《みの》に中国とのビジネスを続けようとしているのではないか、と分析しているのはドイツ在住作家の川口マーン惠美さんです（『無邪気《ノーテンキ》な日本人よ、白昼夢から目覚めよ』）。

ドイツのメルケルは特にそうですね。

エルドリッヂ　でも電気自動車（EV）なんてドイツにとってマイナスでしかない。

西村　マイナスもいいところですよ。ガソリンエンジンをやめると言っているでしょう。そんなのはメルセデスにしたらとんでもない話ですよ。

エルドリッヂ　やはり、日本は政治にしても、経済にしても、もっと立場をはっきりさせる必要があると思います。

西村　やはりすべては当事者意識の欠如に尽きる。

アメリカという前提なしには自分たちのアイデンティティを考えられないという、これは一種の病気でしょう。

エルドリッヂ　外国人から見ると、日本人は、二つの顔を同時に持っています。永田町も同じ。一面、中国に対してとても厳しく、一面、とても甘い。

どこか精神病的なところがある。

それと、やっぱり責任をあまり持ちたくない。当事者になりたくない、というところがあるのではないでしょうか？

だから、この本の題名は「日本よ当事者になれ」でもいい（笑）。

西村　明らかに当事者です。マトリックスじゃないんだからね。われわれは現実の世界に生きているわけで。

エルドリッヂ　私の体験からいえることですが、中国の工作は、時として公然と行われている。たとえば、首相官邸近くの永田町のホテルで行われたイベントで、元外相や河野太郎外相（当時）、閣僚を含むレセプションであったにもかかわらず、中国大使館の二人が自由に動き回る様子を見たことがある。中国の大胆さにも驚きましたが、彼らの行動を警戒する人が誰もいなかったことにも驚いた。

西村　日本も警戒心がなさ過ぎる。

窮地に落ちた中国を助ける日本

エルドリッヂ　中国人の考え方は、いまだ十九世紀の帝国主義時代のままだと思います。やっぱり「仕返ししたい」というメンタリティーが、どうしても強い。

領土を取り戻したい。香港を返してもらっただけでは満足しない。ほしいままに侵略されてしまった日本に対して、あるいは外国に対して、強烈なコンプレックスを持っています。それゆえに逆に、なんでも上から目線で見る。

一言でいって未熟性のあらわれだと思いますが、それが外交になると、どんな結果になるのか。最終的には、日本を侵略し徹底的におとしめるまで止むことはないでしょう。

西村　ただ覇権剝《む》き出しの「戦狼外交」が世界で不評を買っている。鄧小平のしたたかな「韜光養晦」外交に比べて中国共産党は明らかに損をしています。

エルドリッヂ　そう、世界を敵に回しているだけ。

西村　どんどん孤立しているでしょう。そうなると、ますます危険ですよね。

それともう一つ、私が非常に危険だと思うのは、海外にいる留学生が、留学先の大学において中国共産党のプロパガンダのようなことをしているのは、ひょっとすると党にコントロールされているのではなくて、自分の自由意志によるものではないか、という気がするんですよ。「国防動員法」とか関係なしに。そうじゃなかったら、オーストラリアであんなに問題になるわけない。

民主国家に留学すれば自由にネットで検索できるし勉強すればわかるわけじゃないですか、一九八九年に天安門で何があったのか。

オーストラリアで最初に『サイレント・インベージョン（邦題：目に見えぬ侵略――中国のオーストラリア支配計画）』という本が出るきっかけになったのは、オーストラリアの大学のチャイニーズの留学生たちが、天安門のことを説明する大学教授を吊るし上げたりしたわけでしょう。「嘘だ」とか「中国蔑視だ」とか言って大学教授を吊るし上げた。そういう事件が、頻繁に起きたわけですよ。それでオーストラリア人がみんな「あれっ⁉」と思って、びっくりした。

たぶんそれが、急にオーストラリアが変わった大きな理由だと思うんです。

あまりにも多くのスパイがどんどん摘発されたこともあるでしょう。それで、中国人留学生たちは、党の命令でやらされているのではなくて、本当にそういうイデオロギーに染まっているんじゃないか、と気づいたわけです。

もう一つ私が思ったのは、たとえば二年前にこういうことがあったんです。

カナダのトロント大学で、インドからの移民でチベット人のキレイな女の子がいるんです。その彼女がトロント大学の自治会の会長になった。

ところがその自治会の会長選挙運動のときに、中国人の留学生たちがものすごいアンチキャンペーンをやった。それでも当選したわけです。そして、自治会の会長になったら、すごいバッシングが起きた。

その理由は、彼女がチベット人だということと、チベットの解放運動に携わっていたからで、チベットの国旗を守っているような写真などを引っ張り出されては「こんな活動をやっている」と非難された。ＳＮＳなどでの誹謗《ひぼう》中傷がすごかった。結局、警察が動いて、捜査をすることになった。

どんな情報だって、その気になれば取れるカナダのトロント大学ですよ。トロント大学だったら、おそらく、留学生だってそんなバカな人はいないはずですよ。それが、そういうことをやる。それは、母国の命令でやらされているだけじゃないんじゃないか、という気がするんですね。

僕は、これがすごく危険なことだと思っている。トロントでこうなら、中国国内はもっとひどいと思うんです。

現に中国で起きた記録的な大雨による大洪水が起きて、人がいっぱい死んでいるにもかかわらず、当局は全部隠蔽した。

鄭州《ていしゅう》の地下鉄も水没して何千人何万人死んだかわからないような状況で、その現場を海外メディアの下請けのチャイニーズが「どんな状況だ？」と、命からがら逃げた人にインタビューしていたら、その記者が取り囲まれて、「お前はどこのメディアなんだ」と。一般人が怒り出して、攻撃されたのですよ。

その動画も全部、ユーチューブなどにＵＰされて見ることができる。

それを見たときに、中国の公安とか、中国共産党の工作員が海外メディアを見つけて攻撃しているのではなくて、率先してチャイニーズの市民がやっているのではないかという気がしたんですよ。

だから、そこまで中国共産党の統制が行き渡っていて、それで中国のなかで排外主義が、今、ものすごい高まりを見せているのではないか、と察せられるわけです。

二十世紀の初頭と同じですよ。『北京の55日』ですよ。太平天国の乱とか、ああいう反乱と同じです。あれも排外主義だったじゃないですか。

エルドリッヂ　あのときは宣教師に対する反乱ですね。要するに西洋の価値観に対する。

西村　そうですよね。結局今、同じことになっているのではないか。

中国共産党がそれをうまくコントロールしたとはいえ、単に、洗脳だけでやっているんじゃないような気がするんですね。

これがもし対海外メディアじゃなくて北京に向かうようになると、当時と同じ状況ですよ。

そうなった場合、ガス抜きをするために、中国共産党は外に関心を向けさせるでしょう。

その際に台湾進攻とか、あるいは尖閣占領が起きる可能性があるような気がするんですね。

エルドリッヂ　おっしゃる通りだと思います。

ただ中国の孤立による暴走以上に、私が危ないと思っているのは、中国が世界から孤立したときに、また日本が手を差し伸べて助けるのではないか、ということです。

西村 天安門のときがまさにそうでしたね。共産党は孤立していた。

エルドリッヂ そう。ですから、今度は徹底的に孤立させることが重要だと思う。中国を国際社会の規範に従わせるのは、やっぱり重要なことでしょう。

西村 日本の果たす役割は大きいのに、それができなくなっているということは、それだけ日本への工作が行き届いているからでしょう。この三十年の間でそれが深まった。

エルドリッヂ あるいは日本のほうの精神病が……進んでしまっているのか（笑）。

西村 昔日本が悪いことをした、という精神病ですよ。

日本が抱える対中国精神病

エルドリッヂ 先日、元大使の知人から私に会いたいという人を紹介された。外務省で翻訳家と通訳をされている六十歳くらいの女性なのですが、ものすごく中国寄りの人だった。で、喧嘩になって（笑）。

かなり勉強しているけれども、中国に対して、「私たちは悪いことをした」と何か強いコンプレックスを持っている。

彼女のお父さんが関東あるいは「満洲の関東軍」軍に入っていて、「中国では私たちは悪いことばかりをやった」と話していたというのです。今、彼女は二人の中国人留学生の援助をしている。それはいいのですが、私が日本人だけでなく戦争ではどの国も悪いことしている。歴史とはそういうものでしょう。でも日本は、中国に対して、戦後にいろんな意味でちゃんと返していると話した。

西村　満洲には、逆にいいことをしたくらいです。

エルドリッヂ　その話もしました。戦後は政府開発援助（ＯＤＡ）を与えた。戦争中も戦後も、いいこともたくさんやったけれども、仮にそれが日本の反省から起きたものだとしても、かなりのことをやってきている。でも中国は、いつ「ありがとう」と言いましたか？「中国が、日本に対して感謝の気持ちをあらわしたことがあるなら、一点でいいから挙げてください」って問いかけてみた。

でも、十秒ぐらい経っても何も言えなかった。

西村　一人います。毛沢東です（笑）。国民党を追っ払ってくれたと日本に感謝の言葉を述べた。

エルドリッヂ　で、私は「何も日本の行動に対して感謝していないでしょう」と。彼女は困って、「たくさんの研究者と学生を送り込んでいるよ」と言った。でもそれは中国の国益になることで、多くの研究者と学生を日本に送っているのは、彼らが日本からいろいろなものを吸収して、持って帰るためだと。

彼は病気と言っていいほどすごいコンプレックスがあって、かわいそうだと思った。

西村　外務省に多いんですよ、そういう人は。

エルドリッヂ　彼女のような日本人の多いことが問題です。孤立した中国に手を差し伸べてしまう。

オーストラリアのバンクーバーは中国人が多くて有名ですが、ご存知のようにカナダのトロントはアジア出身の人たちが非常に多い。さらに歴史的に、少なくともこの五十年以上は、ものすごく政治的な運動の激しい街で、たとえばちょうど沖縄返還協定のとき、各地で尖閣関係の運動が起こると、「尖閣を日本に渡すべきではない」と、中国人の学生運動が激しかったところです。

西村　そうなんですか。ああ、それは知らなかった。もともとトロントは中国人学生の拠点なんですね。

エルドリッヂ　そういう中国人留学生たちが、中国政府の命令で動いているのか、自主的に動いているのかは、いろいろなことが考えられますが、少なくとも総領事館や大使館の人間は結構動いている。

西村　動いている人もいるでしょうね。

エルドリッヂ　公安の人たちが入っていることは間違いない。

目の当たりにした中国の工作

エルドリッヂ　私は大学の三回生の後半にフランス留学をし、四回生の前半にワシントンＤＣのインターンシップのために一年間アメリカを留守にしました。九〇年の一月に大学に戻ったら、中国人三人が大学に留学もしくは交換留学で来ていた。二人の男性と一人の女性。

当時、私は大学のシェアハウスに住んでいましたが、ほかにシェアハウスが三つあって、彼らもそこに各自住んでいた。中国の男性たちは私の隣で、二つ先の家に、中国人の女性が住んでいた。

そのうち一番年長の中国人の男性がどうも監視役でした。おそらく軍出身。体型的には、軍人には見えないのですが、お父さんが軍人か共産党の人らしかった。

女性は福建省のキリスト教系の女子大学の出身で、私が通っていたキリスト教大学とは中国での共産党革命までは姉妹校だった。四十年ぶりにその関係が復活し、八九年に初留学生として来ていたのが彼女だった。

私は、彼女とは最初、ものすごく喧嘩した。いつも一緒に食堂で食事をするのですが、天安門事件について言い合いばかりしていた。

彼女はたぶん正確な情報を持っていなかったけれども、とにかく中国が好きだった。

それに対して私は「自国民を殺す政府に正当性はない」と反論した。ずっとそういうやりとりなんだけれども、彼女は無条件に政府を弁護していたのではないと思う。

彼女には正確な情報もないし、激しいアメリカ人に英語でいろいろ言われて、大変だったと思う（笑）。だけど、彼女は卒業後に一旦中国に戻って、しばらくしたらカナダに移住しました。やっぱり自由をもとめたのでしょう。

私は、その前年、パリに留学中、民主化しようとしていた東ヨーロッパを旅し、ポーランドの労働闘争、東ドイツから多数の出国を目撃していたので、民主主義の必要性を一層痛感していました。

するとある日、彼女がその隣の家の男性から注意されたと言った。

「あのアメリカ人と仲良くしすぎる。冗談を言ったり、喧嘩したり、一緒に食事をしたり、宿題を手伝ってもらったり、近すぎる。気を付けろ」と。

今振り返ると、その男性は明らかに、中国の意を受けた監視役です。

現在の留学生の問題も同じようなものじゃないかと思います。未熟な人はたくさんいるだろうし、まだ勉強も途中。あるいは国家主義と愛国心が先走っているところもあるだろうし、ホスト国に対しての反発心がどうしても生まれる。オーストラリアの中国人留学生などはたぶんコンプレックスを持って、ただ反発しているだけ、という面も大きいと思います。

西村　それが最初にあるんですね。

エルドリッヂ　おそらく、何らかの偏見や差別を感じたのかもしれません。そういうことに対する反発が、あった可能性が高い。

いずれにせよ、そこには一筋縄ではいかないいろいろ複雑な問題があると思います。

これは提案ですが、日本でも留学生へ意識調査をしたらいい。

西村　その辺のメカニズムを、ちゃんと分析したほうがいいと思います。本当に危険なことになってからでは遅いですからね。

エルドリッヂ　日本における中国人留学生の意識調査。日本の外国人留学生二七万九五九七人のうち、一二万一八四五人（二〇二〇年五月一日現在）と半数近くが中国人留学生です。ベトナムも多いですが、中国人が特に多い。

より公平にやるんだったら、全留学生に対してやればいい。

西村　それ文科省にちょっと言ってみようかな。国会議員に言いますよ。

非常に重要なことですね。そうしないと中国には国防動員法がありますからね。この法律についてもきちんと報道されてないから知らない人がまだいるんです。驚くべきことに、国会議員でも知らない人がいるというくらいですから。

中国が有事の際には、外国に住んでいる中国人も共産党からの命令次第で党のための活動を義務付けられた法律があることを知らない。逆らえば罰金あるいは刑事責任まで問われる法律です。日本人全員が知るべきことだと思いますよ。

八〇万人の中国人蜂起に二三万人の自衛隊で大丈夫か

エルドリッヂ　これは私が二〇一九年に出版した『人口減少と自衛隊』に書いているのですが、二〇一八～九年の段階において、およそ八〇万人の中国人が日本にいました。たぶん、今はもっと多いのですが。

西村　不法滞在者を含めると一〇〇万人くらいいるのではないですか。

エルドリッヂ　それに対して自衛隊員の数は二三万人。要するに、日本にいる中国人の人口のほうが、自衛隊員より遥かに多い。

西村　警察にしても三〇万人です。なんでそんな単純な数字の比較がわからないんでしょうね。

エルドリッヂ　中国は本当に警戒すべきです。

たとえば今、日本にとって危険なのは東アジア地域包括的経済連携（ＲＣＥＰ：ＡＳＥＡＮ加盟十カ国と、そのＦＴＡパートナー五カ国の間で、二〇二〇年に署名された経済連携協定）です。ＲＣＥＰに加盟した目的は何なのか、バイデン政権に対してきちんと説明できるようにする。環太平洋パートナーシップ（ＴＰＰ）についても、ＴＰＰとＲＣＥＰとの兼ね合いはどうなのか。また、衆議院選挙の後、日本はどういう方向性で進むのか。これらの問題・課題をしっかり説明することが大事です。

西村　アメリカはＲＣＥＰについて警戒していますか？

エルドリッヂ　もちろんです。日本は政財界含め、中国依存が大きいですから。台湾をＴＰＰに入れない限り、日本はＲＣＥＰに依存せざるをえません。日本の経済的自立を目指すためにも、台湾がＴＰＰに参入するよう動くべきです。

西村　中国もＴＰＰ参加を表明していますよね。これは、日米を分断させる目的でしょうか？

エルドリッヂ　オリンピックのワクチン提供も、その一つではありませんか。中国は日米の分断工作をどんどん進めてくるでしょう。中国の「政治戦争」は水面下で進行中です。国際規範に従わない中国に勝つための方法を、われわれは大いに議論するべきです。

尖閣有事の安保五条適応も、日本には不安がいっぱい

西村　二〇二〇年のはじめに、イランが米軍の駐留するイラクの基地を攻撃したときに、フィリピンが、自国民を救助のため、大隊と輸送機を中東に派遣すると発表しましたよね。これが普通の感覚ですよ。

エルドリッヂ　アメリカが守るか、日本が守るか。こういう選択を迫られたときに、日本が自分たちを守る意志がなければ、アメリカは絶対戦いません。

だから日本に関しては、隣か後ろにアメリカはいるけれども、決して前には出ない。

ブッシュ・ジュニア政権のときに、リチャード・アーミテージ元国務副長官も、「日米安保があっても、私たちが自衛隊の前に出ることはない」と言っています。バイデン政権が尖閣を日米安保条約五条の適用範囲だと言ってますが、それだけで安心してはなりません。

西村　当然です。

エルドリッヂ　そもそもですが、アメリカ政府は尖閣問題に対し不勉強です。かつ、安保第五条にしても、その適用範囲は曖昧です。これによると日本の施政下にある領域で、いずれか一方に対する武力攻撃があった場合に、両国が共同して日本防衛に当たる旨を規定していますが、

米軍の主な配備状況

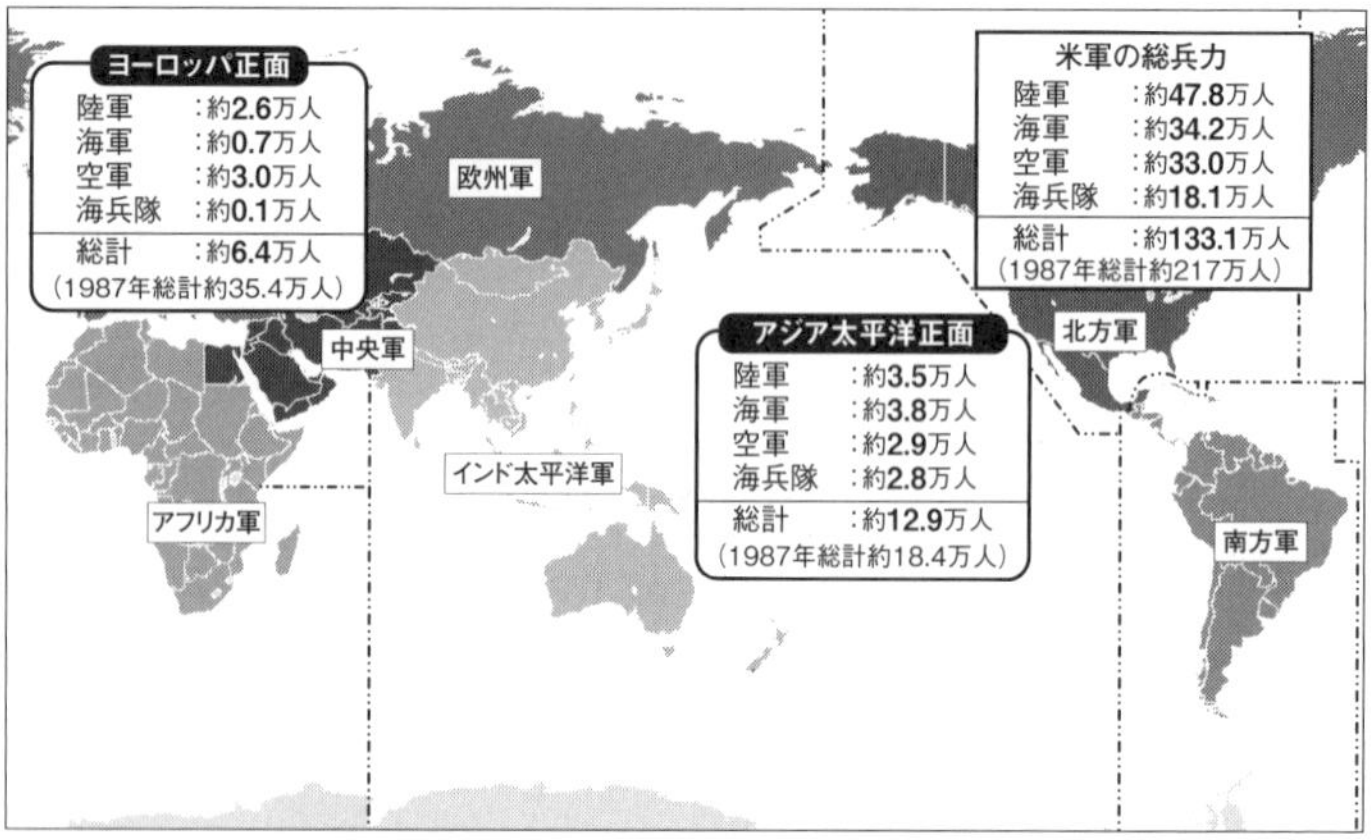

(注) 1 資料は、米国防省公刊資料(2020年12月31日)などによる。
2 アジア太平洋正面配備兵力数には、ハワイ、グアムへの配備兵力を含む。
出所:令和三年度版「防衛白書」

それを無意味にできるようなシナリオが無数にあるからです。ようするに何をもって「武力攻撃」とするかですが、それ「未満」や「以外」の手段を中国はとればいい。

たとえば、不法漁民が上陸して留まり、一種の居留地を形成したり、事故や悪天候を理由に緊急事態に仕立てて救助という名目で軍が動くケース、それから海上で日中両国の船が衝突して銃による交戦があった場合などです。

最後のケースは「武力攻撃」に含まれると思われますが、中国側が「先に発砲したのは日本船だ」と言えば加害国は日本ということになり、第五条の適応外になる可能性が高い。歴史戦をみてのとおり「宣伝戦」は中国のほうがはるかに強い。事実を無効化される恐れがあるのです。

　私自身は、これまでの日本をみている限り、尖閣問題については、もう日本に期待できないから、いっそのことアメリカが再度尖閣の領有権が日本にあることを認めるしかないと思っています。日本が自分自身で守ろうとしないから。

　そうなると、尖閣の安全保障についてはアメリカが責任を持つしかない。

　尖閣の安全保障は、アメリカの安全保障でもあるので、アメリカはもうそこまでコミットしたほうが良いのではないか、と。

西村　それはかなり情けない話です。石垣市議会が決議して作った新しい道標を尖閣に設置することを日本政府は許さない。最悪です。エルドリッヂさんは『尖閣問題の起源――沖縄返還とアメリカの中立政策』という研究書をものされており、もともと尖閣問題の元凶の一つは、アメリカが日本、中国、台湾の尖閣をめぐる領有権に関知しない、中立的な立場をとっていたことにあると述べられています。私から見れば明らかにアメリカはあえて火種を残しておいたと見えるわけですが、それはさておき、エルドリッヂさんは尖閣の領有権が日本にあることを米国が認めろとおっしゃるわけです。

エルドリッヂ　尖閣が日本の領土であることは沖縄返還協定とそれに関する「合意された議事録」を読めば明らかですから。現にそれまでアメリカは「尖閣は沖縄の一部であり、沖縄は日本の一部である」と認めていた。アメリカが中立ではなく、はっきり日本の領土であると認めていたなら、中国に隙《すき》を与えることはなかったでしょう。

この背景にあるのは、当時アメリカの正式な同盟国であった台湾と、ヘンリー・キッシンジャーがニクソン訪中を調整するために密かに会談していた中国への配慮からです。両国が突然尖閣の領有権を主張してきたことへの対応です。

中国に「NO」を示すことが国際社会のためになる

西村　しかし、米国の立場がそうであっても、日本は自らの国家意志でいくらでもできることがあった。現に中国はそれをやっている。

恥ずかしいことですよ。エルドリッヂさんにそんなところまで考えてもらうなんて。安倍前総理は選挙前に「公務員を常駐させる」って言いましたけど、何一つ実現していない。むしろ逆に日本政府は、腰を引いていますよ。

気がつけばほとんど中国に実効支配されているようなものです。毎日毎日領海侵犯していることに対し新聞もすっかり慣れっこになってベタ記事扱いで、バカみたいですね。

尖閣の気象情報すらやらないじゃないですか。尖閣の気象情報を毎日発表するだけで日本領土であることを示せるのに、それすらしない。

エルドリッヂ　尖閣への領海侵犯は百五十七日間連続で一旦とぎれましたが、遠くないうちにそれが三百六十五日連続という事態が訪れるでしょう。

西村　そんなことを許していたら、東シナ海も南シナ海の二の舞になる。

エルドリッヂ　日本が本気で中国との戦争を避けたいのであれば、尖閣に公務員を常駐させ、気象台を作り、灯台を作り、避難港を作り、ヘリポートを作ることです。

そうしたどこの離島にもありそうなものを、尖閣で作ればいい。

これが国際社会に対しては、日本の自信を示すアピールになる。実効支配をする、既成事実になる。こうしたことをやらない、やれないということは、世界に対して「日本は自信がない」ということを逆宣伝していることになってしまう。

西村　逆宣伝していることへの危機感もないでしょう。

エルドリッヂ　日本の精神病的な心理学では、「中国を刺激しないことが国際社会では歓迎される」と思っているけど、現実は全然違う。

西村　まったく逆ですよ。デカップリングもそうですが、日本が自由と民主を踏みにじる中国に対しはっきり「NO！」を示すことをしなければならない。

エルドリッヂ　自信をもって実効支配を示すことが中国に対する牽制にもなり、国際社会のためにもなる。さらに今申し上げた四つの施設と公務員の常駐が全部国際公共財になる。灯台があれば船が安心する。避難港があれば台風を避けられる。ヘリポートがあったら遭難事故などの問題が起こった際に救搬ができる。公務員がいれば相談できる。気象台があれば正確な情報を世界で共有できる。軍事基地を作れと言っているのではないのです。

日本は本当に情けない。無策です。

第四章

中国侵攻、絶体絶命の日本

李登輝との会談を密会にした安倍総理？

西村　いまエルドリッヂさんから非常に厳しいお言葉をいただいたわけですが、中国の世界覇権に対抗するために、日本に何ができるのか、どうすればいいのかを議論したい。と同時にアメリカはどうなるのか、日米同盟の世界史的な位置はどこにあるのかも考えたいと思います。

エルドリッヂ　私は多くの政府関係者とも交流をしてきましたが、たとえば本書で述べてきたことを一番伝えたいのは一般の日本国民です。国民に事実を伝えることが非常に重要だと理解しています。

そのことを前提にしたうえで、日本政府の責任、政治の責任が問われる局面を迎えているのだと思います。

対中国を念頭に置いた場合、最優先課題は、日米台の三カ国の連携です。三者は「運命共同体」であり、一刻も早く台湾有事に備えなければならない。

もはやこれは外交や安全保障ではなく、「政治」の課題だということを強調したい。なぜなら、自衛隊が防衛の任務を最大限果たせる環境をつくるのは政治家や政府の役目だからです。

西村　同感です。そのような視点からエルドリッヂさんは安倍政権をどのように評価しますか。

安倍さんは親台湾であり、弟の岸信夫防衛大臣も台湾との関係は深い。

エルドリッヂ　率直に言って、私は安倍元総理にがっかりしています。繰り返しになりますが、私が政治家を見るポイントは言っていることと、やっていることが一致するかどうかです。残念ながら安倍総理はそうでない政治家でした。

これは単なる憶測で言っているのではありません。

李登輝《りとうき》が最後に沖縄を訪問したとき実は秘密で安倍総理（当時）に会っていた。というのも、安倍総理が、同じタイミングで沖縄に行っているのです。これは、李登輝に極めて近い人に聞いたところ、彼は否定しなかった。

それを論文で書いたのですが、産経新聞は「これだけはちょっと載せられない」と（笑）。だから英語版に載せたのです。スクープ記事（笑）。

安倍総理は、やはり自信を持って堂々と会談すべきでした。中国に何を言われようとも。秘密でやるのでは意味がない。そういえば、安倍総理は退陣後まだ台湾を訪問していません。それが残念です。

西村　なるほど、信用できないっていうのは、そういう意味ですか。

エルドリッヂ　それを含めてです。西村先生も批判していたように尖閣に公務員を常駐させると公約したのにやってない。確固たる意志さえあれば実現できる靖国参拝すら果たしませんでした。

西村　一回参拝しただけでね。安倍政権の問題は、ある時期に変質したと私は思っているのです、二〇一五年の以前と以降で。

エルドリッヂ　そうですね、私も一期、二〇一六年までで十分だと思っていたので、二〇一四年の解散選挙はびっくりしました。幹事長だった谷垣貞一氏が自転車事故によって辞任し、その後任として安倍総理が指名したのが二階氏でした。長期政権を睨んでのことでしょう。

西村　長期政権のために、二階氏を幹事長にして政権運営を行うときに、中国に対しての担保じゃないけど、どうしても中国へヘッジしていったんです。

それは、首相補佐官の今井尚哉《たかや》氏の政策に従ったのかもしれないけど、引っ張られすぎです。今井氏はもともと経産省の官僚ですが、何の利益を代弁しているのかわからない面もあった。それが何で日本の政治を牛耳っていたのか。

一説に——もちろん、直接本人にそんなことを訊いたわけもないのですが、他の人の話だと、今井という方は、安倍総理をバカにしているような態度を取っていたそうです。言葉遣いなどぞんざいで、タメ口で話をしていたらしいですよ。敬語など全然使わない。

そういう話を小耳にはさんだことがあります。事実かどうか解らないが、今井さんが安倍さんに対して、まるで友達のような口のきき方をしていたと。

補佐官が、首相に対してそういうしゃべり方はしない、という話し方だったというのです。しかも、外部の人間、第三者の前で。

そういう話を聞くと、安倍総理は今井補佐官の言いなりになっていたのではないかという噂も気になったのです。

だから私も、安倍さんに失望した部分は確かにあります。ただ、あの人しかいなかったというのが、日本の限界でもあったと思います。

何より決定的なのは八年間も総理を務めて結局憲法改正ができなかったことでしょう。今井という人は、国家安全保障局（NSS）の初代局長だった谷内《やち》正太郎さんが辞めたのもこの今井氏が原因だったという話もある。谷内さんは麻生政権時に外務省で「価値観外交」を立案された方で、「自由と繁栄の弧」というタイトルで対中包囲網を築こうと尽力した。そういう人が外れたため、対中国のバランスが偏った。安倍さんは谷内さんを第一次政権のときからずっと信頼していたと思います。

エルドリッヂ　今は誰ですか？

西村　今はまた三人目に替わり、秋葉剛男氏という元事務次官を務めた外務省でも骨のある方です。谷内さんが外れた後は内閣情報官だった北村氏です。今のNSSには、防衛省の関係者が局長にいない。やっぱり、自衛官、軍人が排除されているんですよ。

結局、旧内務省と、旧日本軍との対立がいまだに残っている。内務省は軍をすごく嫌っていたから、警察は自衛隊を信頼していない。むしろ、自衛官を陥れるようなことをしたかも知れません。

警察が自衛隊の足を引っ張るセクショナリズム

西村　私の小学校の同級生に小学生のころから非常に優秀な男がいて、文武両道どころか絵も特別にうまかった。そんな彼が、陸上自衛隊でエリートの勇者が集まる第一空挺団を皮切りに出世して東部方面総監になった。防衛大学の学生（士官候補生）のときから「軍神」と呼ばれ、陸将はもちろん、陸幕長になるナンバーワン候補であり、ゆくゆくは統合幕僚長になると将来を嘱望されていた。

そういう彼が退官した後にロシアのスパイに資料を渡したという嫌疑で、書類送検されて、大きく報道されてしまった。渡した書類というのは自衛隊のＰＸでも売っている、ただの教本ですよ。

彼は情報を獲るために、ロシアと仲良くしていたわけです。ところが教本を渡したということで、書類送検されたけど、当然立件なんかされないわけです。

だから結局、何の罪にも問われませんでした。

エルドリッヂ　社会的イメージは失墜した。

西村　そうです。「元陸上自衛隊幹部がロシアに秘密文書を渡した」なんてメディアが大きく書いた。あれは公安のリークで書いたんですよ。それで警察が動いた。

あのときＮＳＳの人事問題がちょっとあって、番匠《ばんしょう》さん（幸一郎、第三五代 西部方面総監）がＮＳＳに入るかどうかというところだった。私の同級生が入ったって別におかしくなかった。でも彼は、そこで犯罪者にでっち上げられてしまった。そのことによって、陸上自衛隊のダメージを狙ったんじゃないかという説があるくらいです。

エルドリッヂ　旧内務省が。

西村　そう、旧内務省である警察が、旧帝国陸軍である陸上自衛隊を陥れたのだ、と。

アメリカでも、似たようなことが起こっているのではないですか、ＦＢＩとＣＩＡが暗闘しているとか。

エルドリッヂ　激しくね。自分たちで国益を潰している。

西村　結局、自分たちが全部やりたいと思っているんですよ。警察は公安関係も全部、ＮＳＳを自分たちで牛耳ろうと思っている。

ですから自衛官はみんな面白くない。将官クラスのＯＢたちの多くは、今もＮＳＳのことを全然信頼していないです。

でも、これは結局、日本にとって不幸なことなんです。くだらないセクショナリズム。前の戦争に負けたときと、同じことをやっているのではないか。本当に愚かなことです。

その点、アメリカのほうが遥かに優れていますよ。こういうことはあっても、日本ほどは酷くないんじゃないですか。

エルドリッヂ　本来アメリカは能力重視でしたが、これが身内を優先するなど人間関係に配慮するように変わってきています。

西村　私がずっと以前からアメリカのすごく好きなところは、その能力主義です。何の人脈がなくても、能力本位でその人間を評価するのはいい文化です。また、学歴や経歴などあまり関係なしに、そのときに必要な才能をすごく評価しますね。そういう傾向は、どの分野にもあるでしょう。アートの分野でもあるし。スピルバーグなんて、まったく無名の学生時代にワーナー・ブラザースから奨学金をもらっていたという有名な話があります。こいつはもしかしたら何か面白い映画を撮りそうだと思えば、ワーナーが奨学金を出すわけですよ、貧乏学生に。

そういうところがすごいなと思って、私はアメリカに憧れましたけどね。

エルドリッヂ　だけど、この半世紀ですごい格差ができて、階級が形成されてしまった。そして上にいる人たちは自分たちが偉いと思っている。アメリカ社会もだいぶ変質しています。

軍が尊敬されるのが普通の国

エルドリッヂ　ちなみに、アメリカ合衆国国家安全保障会議（NSC）の局長（補佐官）もそうですが、スタッフには、過半数前後の人材が軍や軍のOBからローテーションにより選ばれています。NSSの局長に防衛省の人間がこの先も入らないとしたら、問題です。

西村　そうですよ、軍が尊敬されなきゃダメですから。

ただ日本人の、ここ十～二十年の自衛隊への意識の変化がすごいです。私は確かに安倍さんの、これは困ったなと思う部分も少なくありませんが、評価できるところも多くある。たとえば自衛隊に対する日本人の信頼感を上げる環境を整えました。

これは、やはり安倍政権の力というのは大きかったと思いますね。

第一次安倍政権で防衛庁を防衛省に格上げしたことだけでなく、今は日本人がやっと世界並みになってきて、世論調査でどこの機関を一番信頼できるかと訊くと、トップが自衛隊になりましたから。昔だったら考えられないですよ。二十年前でも考えられないし、私の学生時代なんかでは、絶対ありえなかった。まさに隔世の感があります。
もっとも、これはようやく世界並みになったということに過ぎない。世界中だいたいどこの国でも、何を一番信頼しているかと訊くと自国の軍隊だという。アメリカ人だってそう。やっと日本もそうなってきた。東日本大震災の影響も大変大きかった。
エルドリッヂ　今、思い出しましたが、小野寺さんが防衛大臣だったころ、二〇一三年の秋ですが、各自衛隊が統合的に主催するイベントがあって、安倍総理を迎えるということで私と海兵隊のジョン・ウィスラー中将が参列することがありました。小野寺さんは東北出身で震災の関係で海兵隊とはすごくいい関係だった。
安倍総理がステージから降りて、車に小野寺さんが案内した際、私たちの前に止まって、総理に対して、「こちらは誰々です」と、たくさんの人のなかから海兵隊の中将をちゃんと紹介してくれました。そういうおもてなしの配慮ができる小野寺さんはすごいなと思います。そして、安倍総理はやっぱり日米同盟の重要性をわかっている、と。
西村　小野寺さんは本当に良い防衛大臣でしたね。
エルドリッヂ　ただ二回目の防衛大臣はやめたほうがよかった。一四年の九月に防衛大臣を務め終えた後、本当は小野寺さんを外務大臣にすればよかったんです。そうでなければ防衛大臣を継続させるか。そのあと、江渡《えと》聡徳《あきのり》さんがスキャンダルで二カ月でお辞めになって中谷元《げん》さんや稲田朋美さんが防衛大臣を継ぐのですが迷走し、ちょうど三年後に仕方なく小野寺さんが再登板した。

安倍総理はちょっと人事が下手だなと思いました。沖縄基地負担軽減策を官房長官の菅義偉さんにしたのも疑問でした。ここでは詳しく述べませんが、私は菅さんの沖縄への認識や政治決断は非常に甘かったと思います。実際私は、そう判断せざるを得ない場面に三度直面しました。その結果、十六年ぶりに県政を革新系に奪われ、沖縄選出の保守系の国会議員が衆参ともにほぼ全滅しました。

西村　人事が下手だというのは、多くの人が指摘しています。それにしても稲田朋美さんはよく存知上げている方なのですが、防衛大臣時代のいろいろな出来事が良くなかった。その後彼女はＬＧＢＴ法案成立に向けて奔走していた。一方で、自民党総裁選で高市早苗さんを支持しました。

エルドリッヂ　私も高市さんの政策の具体性、最新情報の収集能力、勇気のある行動と言葉が好きです。

稲田さんとは防衛大臣のとき、お会いする機会がありました。数名での夕食でしたが、その後、しばらくしたら、辞任された。詳しくフォローしていないけれど、ＬＧＢＴの件では保守の間でかなり反発を買ったようですね。

中国への敵国戦力分析計画を誰が阻止したのか

西村　実は二〇一六年の十月ぐらいに、日本は中国へのネットアセスメント（敵国戦力分析）をやる計画があって、それを進めていたというんですよ。

ビル・ガーツが「ワシントン・フリー・ビーコン」に書いた記事で、私は読んでびっくりしたんですけれども、それによると安倍総理がその計画を止めたということになっている。

日本が歴史上最後にネットアセスメントを行ったのは、一九四一年の八月だった、なんて面白い記述があって笑っちゃったんだけど、確かにそうなんですね。真珠湾攻撃の前に一回やった。仮想敵国との客観的な戦力分析をやらなかったら戦争など入れるわけがないので、当然なのですが。それにしても、真珠湾攻撃以降、日本が敵国戦力分析をやっていなかったことを改めて指摘されると戦後日本の異常さがわかります。

安倍さんが計画を止めたとビル・ガーツさんが書いたことは、おそらく正しいと思うんです。国防総省の相当確度の高い情報をあの人はとっていると思います。だとすると、安倍政権が「親中」とは言えないけれど、中国にもヘッジをして、対中国外交を進めようとしたとき、「敵国戦力分析」をやめたんじゃないか、というのが私の推測なんです。

このことは安倍さんに直接訊こうと思っていたことですけど、今日まで機会がありませんでした。エルドリッヂさんはこの話をどう思いますか？

エルドリッヂ　あり得ると思いますね。ちょうど今、ビル・ガーツが参加している本の原稿を編集しているところです。

西村　私はそれを読んでびっくりしたんですよ。第一次安倍政権のときに「戦後レジームからの脱却」を唱えて潰されて、なかなか一直線に走って来られなかったという面があるからだと思います。安倍さんなりに多方面に目配りしながらしたたかにやってきたのでしょうけど、憲法改正ができなかったことが残念でたまりません。

エルドリッヂ　そうですね。政権交代で、最初からみんな再スタートになる、そこで信頼が維持できるかどうかですけれども、もっと長期的なスパンで付き合えばいいと思います。

安倍政権は長期政権で、良かった面もあるけども、そうでなかった面もあって、結局最後の四年間は緊張感がなかった。だらだら続いていました。

アメリカが日本のためにできること

西村　まさに今、大きな歴史的転換点を迎えている証拠だと思うんですよね。

第二次世界大戦が終わって、七十六年経って、世界秩序が変化しないほうがおかしいわけで、実際、劇的に動いている。

だからこれまで論じ合ったように、アメリカにもいろいろな変化があって、衰退に向かいつつある。

エルドリッヂさんは、アメリカの復元力に疑問があるという相当な危機感をお持ちになっているようだけれども、それも大きな変化の一つだし、だから逆に、復元する力を、日本とアメリカがともに持てるのではないかと。新たな連帯が本当は可能なんじゃないかという気がするんですよね。

エルドリッヂ　少なくともアメリカが日本の回復に力を貸すことができると思っています。実は、それがアメリカを助けることにもなる。

今、『地方創生と日本の再生』という本を書いています。そのなかで紹介していることですが、数年前にある提案をしました。地方では三つの問題があります。空き家、人手不足、そして少子化の問題の三つです。これを一石で三鳥の問題解決する方法があります。アメリカの若者を日本の地方に移住させるのです。

前述のようにアメリカには、学生ローンの問題がある。現在、アメリカの国民は一・七兆ドル（約一八五兆円）の学生ローンを抱えています。民主党は一万ドル（約一〇九万円）の免除公約をしていますが、まだ具体的政策として打ち出されてはいない。

この学生ローンが経済的打撃となって、家を買うことができない若者がたくさんいるのです。いい仕事もない。

それなら家も仕事も余っている日本の地方に行けばいい。

過疎になりつつある町に住んで安い家賃と税金を払いながら生活すれば、ある程度の貯金もできる。学生ローンの返済もできます。

日本の町で結婚するか、あるいはすでに結婚していたら、子供たちも連れて行って、とりあえずビザの切れる五年ぐらい住んでみる。しかしそれくらい住めば間違いなく日本を選ぶようになります。アメリカに帰りたくない人が多いはずです。

西村　実際に、結構そういう人が多いですよ。

エルドリッヂ　特に家族を持っていたら、もう絶対に日本のほうが住み良い。それが地方自治体にとってもいいし、企業にとってもいい。

西村　日本にとっても良いですよ。

エルドリッヂ　そう。そういう形で、国別で見るのではなく、二国でお互いの課題に取り組んでいく。

西村　それは素晴らしいアイディアですよ。どう考えたって中国からいっぱい人が来るより、アメリカから来てくれるほうが、百倍も千倍もいいですから。日本人だって勇気づけられるしね。

エルドリッヂ　同様に日本の地方の大学には、定員割れの問題がある。そこで、地方の大学がもっと積極的にアメリカの若者を誘致すれば……。

西村　要するに今中国に対してやっていることを、アメリカにやればいいんですよ。

エルドリッヂ　奨学金ではなく、自費で通ってもらう。日本の大学の学費は、アメリカの大学より遥かに安いですから。

さらに、日本国内で就職の斡旋をしたらお互いにハッピーになれる。

もちろん奨学金が出れば、それはもっといいんだけれども、奨学金なしでもやりたいアメリカ人は、結構多いと思いますよ。

数年前、熊本県立大学の副学長とこういう話をしたんです。

ところが、彼らはなぜできないのか、いろいろと言い訳ばかり。たとえば「じゃあ、日本語の問題はどうするんですか?」と。「英語で授業を提供すれば済むじゃないですか」と答えると、「英語で授業を提供できる先生がいない」と言う。そんなことは簡単ですよと私は言った。「英語で授業を提供できる教員を養成したらどうですか?」。

西村　秋田の国際教養大学とかね、中嶋(嶺雄《みねお》)さんが学長のときには素晴らしいことをおやりになっていました。グローバル社会で即戦力になるための英語力とリベラルアーツ（教養）を養う教育改革を行った。残念ながら彼は、突然亡くなってしまいましたが。

エルドリッヂ　中嶋さんの息子さん（中嶋啓雄《ひろお》）とは大阪大学で同僚でしたからよく存知上げております。

私が『地方創生と日本の再生』を書いている理由は、これからは地方の時代だと思っていて、地方が元気にならないと日本全体が元気にならない。

西村　中嶋嶺雄さんのご子息をご存知なんですね。彼は本当に素晴らしい中国研究家で、今日の状況も見通していました。ところで、地方創生といえば、安倍政権はこれがダメでしたね。本当はもっとよい可能性がいっぱいあったのに、うまくいかなかった。

エルドリッヂ　やっぱり東京一極集中から抜けきれない。東京の企業が地方で仕事をすると、ほとんどの収益は東京に吸い上げられてしまう、そういう構造上の問題があります。

また、政治家が結局地方のことがわからな過ぎる。地方出身の政治家でさえ、ほとんど大学は東京でしょう。場合によっては、高校から東京に行ってしまう。

私は全国各地で講演をさせていただいており、地方の学校の生徒たちと話す機会もたくさんあります。「なぜここから出たいの？」と生徒たちに訊くと「何もないから」という返答が非常に多い。そういうとき、「なければつくりなさい」と話しています。

問題解決、起業精神の教育が日本人には必要だと思います。学校だけで難しければ地元の企業や商工会、NPOなどと連携してやればいい。

「国家への忠誠」とはどういうことか

エルドリッヂ　「忠誠」は一つの国に対してしか、誓うことはできません。私が日本に帰化していない理由はそこにあります。私の忠誠はアメリカにある。法的な忠誠は祖国にある。

私はたぶん、今後もずっと日本にいると思います。日本が戦争をしたり、災害に巻き込まれたりした場合は、私は日本人とともに戦うでしょう。

十年前の東日本大震災のときのように、私は、日本のために自分のするべきことをやります。だけれども、市民権を与えてくれとか、あるいは選挙権を与えてくれと訴えるべきだとはまったく思わない。私はそれが欲しいなんて絶対に主張しません。

なぜなら私の忠誠はアメリカ合衆国に誓っているから。

実は先日、高校生から外国人参政権について取材を受け、同様のことを答えました。

西村　そういう高校生がいるなんて非常にいい話ですね。

エルドリッヂ　そのとき、国政でなくたとえば地方参政権はどうか？　という話もでましたが、私は、それもダメだと答えました。なぜなら日本の場合、特に地方の議員を選ぶ権利は、国政の議員を選ぶ仕組みにつながっていくからです。

有権者が決めた地方議員が協力して代議士を誕生させているので、地方といっても最終的に国政につながっていく。これが共産党、社民党、公明党のある種の利権です。インタビュアーの高校生には、「こういう仕組みに騙されないように国益で考えてください」といいました。もし、どうしても自分の意見を地方の行政に反映させたかったら、住んでいる自治体の外国人が構成する諮問委員会とか、そういうものを作ったらいいと思う。わざわざ選挙権を持つ必要がない。

たとえば、標識を外国語で書いてほしいというような話は、どの地方自治体でも意見を受け入れる。しかし、政治そのものについては、私には発言権はないと思っている——という説明をしたら、彼は納得していました。

しかし私は彼に、「いろんな方々の意見をちゃんと聞いてください、私だけではなくて、たとえば外国人参政権を推進している政治家にも話を聞いてください。だけど聞く際は、その人が本当に国益を考えているかということを、ちょっと頭の隅に留めておいてください」と言ったのです。

中国人のかわりにアメリカ人留学生を日本に誘導しろ

エルドリッヂ　妻といろいろと議論することがあります。ある種の思考実験として。彼女は半ば冗談でそう言いますが、私は冗談ではないと思う。親日の外国人たちが近い将来、日本の主導権を握るのではないかと。

つまり日本にいる外国人たちのほうが、日本人より活動的でしょう？

西村　より日本のことを考えている。

エルドリッヂ　そう。私は今度、新しい会社を作りました。これは外務省の穴を埋め、日本外交にプラスになるようなサービスを提供します。

具体的にいうと、小さな国の大使館を支援し、細かいところまでサポートする組織です。

西村　企業として作るわけですか？　非営利団体とかではなく？

エルドリッヂ　企業としてです。外務省のＯＢの方と企業を作って登録します。

外務省の問題は小さい国の政府の面倒をみないので、そうした案件は、国際協力機構（ジャイカ）に回されてしまうのです。

外務省の半端な対応は中国を喜ばせるだけです。中国は手厚いサービスをしますから。

西村　それは重要な仕事ですよ。そのようなサポートサービスが広まれば、多くの国との交流の橋渡し役にもなるでしょう。外務省・政府機関だけだと、目が行き届かないことは多い。ましてや異国となればなおさらです。新しいパブリック・ディプロマシー（広報外交）の形態にもなる。

日本外交の弱点をエルドリッチさんに補っていただければ非常に嬉《うれ》しいですけどね。私でもお手伝いできることがあれば参加したい。

これは発展途上国だけではなくて、むしろ、ヨーロッパにだって需要があるのではありませんか。東欧のリトアニアだとかアゼルバイジャンは、本当は日本に近づきたいはずです。

エルドリッチ　たとえばコソボは、日本に接近したいと望んでいる。しかし、基本的に窓口になっているのは議員連盟の政治家です。

ですからその人脈は、みだりには使えない。どうしても必要なときだけに限られてくる。したがって、会社としていろいろとサポートする窓口があれば、需要があると思うのです。

と同時にこれとは反対のニーズも生む。

たとえば、すでに日本に住んで、仕事をしている外国人は、日本のことが大好きで、日本の良さをよく知っていて、日本のためになにかしたいと思っている人が多い。

西村　ああ、そうですね。ユーチューブを見ていると日本語の達者な外国人が、日本のことをいっぱい褒めたり「しっかりしろ」と言ったり、そういうチャンネルがいくつもできています。冗談じゃなくて、日本大好き外国人が運営したほうがよっぽどうまくいくなら、日本人はその部下として働くということになりかねない。

その外国人がエルドリッヂさんのように良心的な人とは限らないから、下手するとあっという間に乗っ取られる。

本当にひどい、恥ずかしい状況です。そういう危機感をちゃんと持っている日本人が少ないというのは、それがマイノリティだというのが、やっぱりおかしいですよ。

エルドリッヂ　本当に日本には、しっかりしてほしいなと思います。総選挙では、台湾侵攻の危機を乗り越えるためにすべての立候補者に次のようなアンケートを取るのが望ましい。「あなたは台湾を支持するのか、それとも中国を支持するのか」。

これを岐阜の講演会で言ったら、ざわついた。野田聖子さんとかヤバい議員がいるからでしょう（笑）。

なぜそれを聞くかと言うと、台湾を支持しない、つまり台湾を守る意志がなければ、日本を守る意志がないと同じ。台湾の有事は日本の有事ですから。

西村　それは立候補する議員だけでなく、有権者にも突きつけるべきです。いかんせん尖閣を自分たちの問題だと思っていない一般の人が多いですからね。ましてや台湾有事なんて。

中国が台湾を侵略する合理性

エルドリッヂ　台湾有事を正確に捉《とら》えるために中国の能力の把握とシミュレーションをしておくことが肝要です。中国にとって台湾を取ることは、日清戦争の敗北により日本に奪われた歴史的な雪辱だけでなく、合理的な意味合いがあります。中国が台湾を押さえれば中国を防ぐ第一列島線を突破し、太平洋に打って出ることができる。

アメリカをはじめ台湾、日本、フィリピンなどの協力で、中国が自由に行動できないように監視していますが、台湾がなくなると中国はやりたい放題で、第二列島線（グアムなど）、第三列島線（ハワイなど）までが危ない。逆にいえば中国を大陸に封じ込めておくためにも台湾を死守しなければならないのです。

中国人民解放軍は二〇一〇年代初期から、一日で数十万人の部隊が台湾海峡を渡って上陸する能力を持っている。その能力はこの十年間で向上し、専門家によれば、少なくとも水陸両用作戦訓練を受けている二万人の中国版海兵隊、五万人の人民解放軍の隊員がいると言われています。

さらに水陸両用作戦用の艦船五〇～一〇〇隻、加えて民軍統合（civil-military fusion）の方針で民間のものも使える。報道によれば、カーフェリーが水陸両用作戦の訓練に参加していた。このようなものを入れると、数百ないし数千、台湾上陸が可能な船を持っていることになる。また、軍用機をはじめ、民間機を使って、部隊や工作員を台湾に降すことができます。

西村　問題は台湾側の戦力がどうなっているかです。台湾関係法でアメリカから武器を買えるようになっているから強化されているとは思うけど。

エルドリッヂ　いえ、実は中国に配慮して性能や量などの面で十分に譲渡されていません。それから日本と同様で、台湾政府の予算のなかで防衛費が十分に使われておらず、軍の近代化が著しく遅れています。しかも日台は、台湾関係法がないため武器の譲渡さえできないので、台湾の軍隊は孤立している。これ以上の弱体化を防ぐためにも早急に日本版台湾関係法を定め、連携をはかるべきです。

もし台湾を中国に奪われたら石油の九割を中東に依存する日本は、台湾の近くのシーレーンを封鎖され完全にアウトです。

西村　それから心配なのは、台湾軍のなかに中国のスパイがだいぶ入り込んでいるという話があるでしょう。実際のところどうなのでしょう?

エルドリッヂ　おっしゃるとおりです。七十年間、中国は台湾に工作員を送り込み、政治家や政府の関係者を買収したり、スパイを育ててきました。有事になると、潜伏している彼らが破

中国と台湾の軍事力比較

		中国	台湾
総兵力		約204万人	約16万人
陸上戦力	陸上兵力	約97万人	約9万人
	戦車等	99/A型、96/A型、88A/B型など 約6,000両	M-60A,M-48A/Hなど 約700両
海上戦力	艦隊	約730隻 212万トン	約250隻 約20.5万トン
	空母・駆逐艦・フリゲート	約90隻	約30隻
	潜水艦	約70隻	4隻
	海兵隊	約4万人	約1万人
航空戦力	作戦機	約2,900機	約520機
	近代的戦闘機	J-10×488機 Su-27／J-11×329機 Su-30×97機 Su-35×24機 J-15×34機 J-16×150機 J-20×24機 （第4・5世代戦闘機 合計1,146機）	ミラージュ2000×55機 F-16×143機 経国×127機 （第4世代戦闘機 合計325機）
参考	人口	約14億200万人	約2,300万人
	兵役	2年	徴兵による入隊は2018年末までに終了（ただし、1994年以降に生まれた人は4カ月の軍事訓練を受ける義務）

（注）資料は、「ミリタリー・バランス（2021）」などによる。
出所：令和三年度版「防衛白書」

壊的な行動を起こすでしょう。また、台湾国内で中国に協力し、統一をしたいという中国寄りの「大陸派」もいます。

前章で話題になった国防動員法があるので、台湾在住の中国人はもちろんのこと、日本および米国、その友好国が台湾の防衛作戦に集中できないように、各国で何らかのトラブルを起こすのは必至でしょう。

西村　台湾は地政学的な重要性にとどまらず、半導体のファウンドリー最大手の台湾積体電路製造（TSMC）をはじめとした、中国が喉《のど》から手が出るほど欲しい技術力を持った企業があります。何より西側諸国にとって台湾は、自由と民主を勝ち取った象徴的な国家でもあります。そういう意味でも台湾を中国に取られるわけにはいかない。

エルドリッヂ　そのために日本にとって何よりも大切なのは、中国よりも「本気」で台湾を守る、意志と能力を見せる必要がある。

つい最近も中国の戦闘機や爆撃機などの軍用機が台湾の定める防空識別圏にかつてない規模で侵入し、緊張が非常に高まっています。それに対し日米両国の対応は弱いと言わざるをえません。第一に、岸田政権が中国を強く批判すべきでした。第二にアメリカは日本にある戦闘機を台湾に配備する。第三に日米は台湾を二国間あるいは多国間の軍事演習に招待する。こうした対抗措置によって中国に非建設的な平和に反する行動に待ち受ける大きなコンシクエンス

（悪い結果）を知らせることにもなります。

対中包囲網の当てにできない韓国

西村　日本一国では心もとないですが、「クアッド（日米豪印）」による対中包囲網は安倍政権の大きな功績といっていいでしょう。特に仲の悪いアメリカとインドと同席させることに成功したのは安倍さんでなければできなかった。

クアッドだけでなく、ヨーロッパのイギリス、フランスも対中包囲網に加わっています。ドイツは一筋縄ではいきませんが、協力する姿勢をみせている。

しかし、東アジアの隣国でありながらまったく頼りにならないのが韓国です。

エルドリッヂ　中国もそうですが韓国は本当に未熟な国だと思います。

私は、日米韓のアライアンスが不可能であることを、二〇〇四年の時点で強く感じました。まだ海兵隊に勤めるまえで一民間人の学者だったのですが、縁があってのちの上司になる政務外交部長の紹介で、韓国の海兵隊の副総司令官に取材をしに行ったことがあります。

韓国の海兵隊と日本の海上自衛隊、陸上自衛隊との訓練の連携をとるための提案と、お願いをしたのですが、すべて「時期尚早」だとか「まだ早い」とけんもほろろだった。

何も自衛隊が、韓国に駐屯するわけではありません。また状況的には、むしろ韓国こそいろいろな意味で日本の力を借りないといけない立場だったのに、その韓国が「早い」と言う。ああ、これじゃあダメだなあ、と思いました。日本がせっかく手を差し伸べているのに、韓国は「NO」と取り付く島もないわけです。

彼らは未熟そのものです。政治も行政も学会もメディアも未熟。

西村　一つの説として、モダナイゼーションが遅れているから、近代化するためには、ナショナリズムを強化する必要があり、そのために必要以上に日本批判をしているという見方があります。

日本や欧米先進国はポストモダンになっているのに、韓国にしても、中国にしても、今ようやくモダン化している真最中だから、そのタイムラグから日本を批判するという。しかし、それはずいぶん好意的な解釈だという気がするんですね。

エルドリッヂさんのおっしゃったように、単に未熟なんでしょうね。

エルドリッヂ　もう一つ考えられるのは、時代時期にもよるのですが、三国はそれぞれに、自分たちが一番だと思っていたでしょう。日本は明治維新以後、近代化したことによって、中国・韓国は「中華」として自分たちを上だと思っていた。

今や中国共産党は経済的にもヘゲモニーになっているので、日本や韓国を見下している。

西村　そのギャップはありますね。明治維新までは、韓国は完全に、日本より自分たちのほうが上だと思っていました。朝鮮王朝にしてもそうだし、清《しん》だってそうです。だから朝鮮は、明治維新後に日本の外交使節を追っ払いましたからね。

エルドリッヂ　今とあまり変わらない（笑）。

西村　「目的として日本批判がある」というのが正しいと思う。敵としての日本が必要なのでしょう。

その理由は、自分たちのレジティマシーを保つためだけなのです。自分たちの正統性を国民に広く伝えるために、日本批判をする。

軍レベルでも軍事情報包括保護協定（ＧＳＯＭＩＡ）破棄にみられるように韓国は日米韓の連携さえ平気で崩そうとする。

エルドリッヂ　その結果利を得ているのは中国あるいはロシアです。日米韓、または日韓が離間しているほどありがたい話はない。

抑止力は、装備品だけではなく、体制そのものなのです。いかに同盟国や準同盟国、あるいは友好関係にある国々と連携できるか。こうしたことへの種まきは、有事になって始めるものではなく、平時から積み重ねていなければならない。

でも今、大事な時間が浪費されています。韓国が少しも、日本との関係を改善していない。

西村　それで今世紀に入ってからのこの二十年間が失われてしまったわけですから。

台湾有事を想定して日本がすべきこと

エルドリッヂ　繰り返しますが抑止力は決して抽象的な概念ではありません。自国の国民にとってある程度の安心材料にもなり、相手が行動を起こすか真剣に再考するきっかけにもなるものでもある。その中身は常に向上させなければなりませんが、法体制、経験、意志、信頼、政治力、危機管理能力、装備品などの防衛能力が含まれています。

台湾有事の対応は、発生してからでは遅く、今から準備する必要がある。私は『正論』（二〇二一年十月号）に単に軍事的にではなく、経済、外交、政治、法律などなど、様々な側面を活用して包括的に対応すべきだと、下記の十項目の提言をしました。

「①中国から経済デカップリング（分離）が欠かせない。有事に対日輸出禁止によって、日本経済が人質にとられかねない。また、中国との緊密な貿易は、中国国内のすべての日本企業が直接あるいは間接的に、日本に対して核戦争をしようとしている共産党と人民解放軍の強化に日本が支援していることを意味する。

②クアッドを進化させながら、他の国々や地域機構との連携を強化。九月の首脳会談で具体

的な成果を出す。
③日本版台湾関係法（基本法）の早急な制定。法的根拠をつくることで様々な連携が可能となる。
④日米防衛指針で台湾有事などの想定を早くつくること。
⑤南西諸島全域、台湾近辺で訓練、演習、哨戒を共同で行い沖縄（たとえばキャンプ・コートニー）に統合、合同司令部を設置する。
⑥日本の防災訓練に台湾の軍隊を参加させること。
⑦捜索救助、偵察、輸送と様々な任務を持つ飛行艇US-2の、パラオなどの親日、親米、親台の太平洋諸島や下地島への配備。
⑧駐日米軍駐留費を自衛隊に回す。強い自衛隊は米軍にとっていいこと。
⑨石垣島に海上自衛隊を配備すること。できるまで日米、そしてクアッド各国の海軍でカバー。
⑩尖閣の空海両方の侵犯や尖閣の有事に対応するために下地島空港を活用する。軍事使用を禁止した五十年前の『屋良覚書』や『西銘《にしめ》確認書』を抜本的に見直す」
もちろん、これも一部に過ぎません。

コロナ禍で高まった憲法改正の気運

西村　コロナ禍というのは日本のあらゆる問題を噴出させました。そういうなかで、緊急事態宣言への法的拘束の限界から改めて憲法の不備に目が向いたのでしょう、憲法を改正しなければならないとする「改憲派」が増えている。

その背景には、現状の危機管理のだらしなさがあるからです。やっぱり政治が酷すぎます。与党だけじゃなくて、野党も。

野党というのはいつもダブル・トーク（二枚舌）でしょう。たとえば、最初は「強制力なんて持たせたら個人の人権が」なんて言っていたくせに、平気で「緊急事態だったら、強制力がなくちゃダメじゃないか」と真逆のことを臆面もなく言う。

政府が右往左往して、本当に不健全で、外国から見ていたら、呆《あき》れてしまいますよ。よくこれで保っているな、逆に感心してしまう（笑）。本当に不思議です。

これでも保っているのは、やっぱり昔の日本人が偉大だったからではないでしょうか。

昭和三十九年（一九六四）の東京オリンピックを成功させた人は、皆戦前生まれの日本人ですからね。私たちの父親の世代であり、戦争を行った世代です。おそらく、自分の友達だとか仲間だとか、家族の多くを戦争で失った。

彼らは敗戦後の日本で二十代を迎え、さあこれからどうしようっていうときに、復興に賭けるわけです。正に戦死者への弔い合戦であり、死んだ戦友や家族たちに報いるために、絶対に復興させる。今度は経済でアメリカを打ち負かすのだ、と。

日本はあれだけの戦争をやったんですよ。だから経済で目にもの見せてやろうと立ち上がるのは当然のことです。

そうでなければ、ソニーやホンダのようなあんな企業はできない。ソニーの盛田昭夫さんは、海軍の技術将校でした。おそらく、そういう人がいっぱいいた。学徒出陣の生き残りが戦後の日本をずっと引っ張っていたのです。

加えて、戦前から政治家や官僚だった人間がこれを支えた。それこそ安倍晋三の祖父の岸信介は満洲国の官僚だったわけです。だから、前回のオリンピックのときには、戦前の骨格もまだあったような気がするんですね。ところが平成の三十年間でそれが完全に破壊された。三島由紀夫はそのことをよくわかっていたから、五十一年前にああいう行動に出たと思います。

エルドリッヂ　三〜四年前に、私は東ヨーロッパの出張から帰ってきて、連載している新聞に載せた論文にこう書きました。若い人たちは「とにかく、早く留学してください」と。

トランプ政権になって、ロシアとの緊張は高まるばかり。その他にも、独裁政権の問題があったり、緊張関係があったりと、もしかすると今後、今ほど簡単に海外に行けなくなるかもしれない。あるいはパンデミックなどが発生するかもしれない。なので、早く留学したほうがいいという趣旨のことを書いたのです。残念ながら当たってしまいました。

政府というものは、このようにいろいろな「有り得ること」を想定するのが仕事です。たとえばコロナの問題も、二〇二〇年の一月中旬にはもうわかっていた。そして、二月の旧正月には多くの中国人たちが来日することもわかっていた。この二つがわかった段階で、外国――少なくとも中国とか、武漢から来る人たちを遮断すべきだった。でも、安倍政権はそれをやりませんでした。

西村　それどころか、あのときはまだ、習近平、国賓来日がプログラムにあった。最悪です。

エルドリッヂ　だから危機管理は、大きなテーマなのです。

米のトルーマン批判は真の日米和解の一歩となるか

西村　今、非常に気になっていることがあります。

ロン・ポールが、二〇二〇年の八月六日に、彼のシンクタンクのウェブサイトに、ある論文を載せていた。これは、ロン・ポール自身の論文ではなく、アメリカ人の歴史家の手による論文です。

内容は、トルーマンを厳しく非難するもので、「第二次世界大戦の戦争犯罪人はトルーマンだ」とはっきりした見出しで謳《うた》っている。八月六日、広島への原爆投下を指してのことです。そういう内容の論文を、ロン・ポールは、自分のシンクタンクのウェブサイトに載せたのです。

私は、アメリカでもこんなことを言う人が出てきたのかと、とても驚いた。

しかもロン・ポールは、すでに引退したとはいえ、著名な政治家じゃないですか。二〇一二年には大統領候補に立候補したこともあるくらいでティーパーティーに近い。徹底した新自由主義者だと思いますが。

去年、他の歴史学者の書いた著作においても、第二次世界大戦の見方が、これまでのアメリカ人とちょっと違う。そういうものが、出てくるようになった。

フーバー元大統領の回顧録で『裏切られた自由（*Democracy Betrayed*）』と似たようなことを言う歴史家が、近年ちらほら出てきたのは事実です。

ロン・ポールがそういうなかに入るかどうかわかりませんけれども、何かアメリカで対日戦争を見直す潮流が出てきたのかどうかが、私は知りたい。もし、そういう歴史の新しい見方が本当に出てきたのであれば、これは日本とアメリカが、いよいよ真の意味での同盟関係に立てるのではないか。そして、共に全体主義と戦っていく、強固なアライアンスができるんじゃないか、と期待したのです。

日米関係の重要性を知るいわゆる右派の人たちのなかでも、対米戦争による反米感情を持っている人たちが、少なからずいるわけです。しかし、アメリカ人のなかにも日本に対してフェアな歴史観を持つ人がいるということになれば、反米保守の人たちの米国観も一変する可能性がある。そうなれば日本とアメリカの愛国者たちが手を組んで一丸となって、対立する勢力と戦うことができるのではないかと思うのです。

そのあたりいかがですか。フェアな意見を持つ人たちが今後増えてゆくのか、それとも彼らの歴史観は偏ったもので、一般的なアメリカ人から非難される少数派のままなのでしょうか？

エルドリッヂ　今のお話のなかには、いくつか問題提起がありますが、第一には、日本が国全体として一体、アメリカが一体、という社会構造ではなくなっている。ですからアメリカの左と日本の左が連携する、アメリカの右と日本の右、伝統や国を大切にするもの同士が理解しあう、ということが多分にあると思うのです。ですからそれが、国境を越えた連携になっている。

西村　保守の側の連携が絶対に必要だと思うんですね。そうじゃないと戦えない。

なぜなら左翼、あるいはグローバリストと言ってもいいんだけど、彼らはずっとそれをやってきている。それこそコミンテルンじゃないけど、ロシア革命のときだって第二次世界大戦のときだって、連携をとっている。ベノナ文書で発覚したように、実際にルーズベルト政権にはコミンテルンのスパイが入り込んで政策に影響を与えていた。デクスター・ホワイトが有名ですが、アメリカから日本への最後通牒《つうちょう》となった「ハルノート」はホワイトが書いた。

そういうことを考えれば、共産主義者が国境を越えて連携しているのだから、自分たちの伝統や文化を大切にしようという人たちも、やっぱり国境を越えて連帯できるんじゃないか、とそう思うんです。

エルドリッヂ　日本でもアメリカでも左系の人たちは、そういう歴史を大切にする人たちのことを「国家主義者」であると批判します。

たとえば安倍元総理は「国粋主義者だ」と非常に叩かれた。でも私はそうじゃなくて「愛国主義者」だと思っています。けれども左派は「国家主義者」のレッテルを貼る。

国家主義者と批判をする人たちが、ものすごく誤解を与えてしまっている。

それから、ロン・ポールのところで発表した研究者がトルーマン大統領を批判するのは、去年がちょうど終戦七十五周年だったからですね。いろいろな意味で、注目されていた時期だった。

西村　なるほど、やっぱり左翼なんですね。

しかし、トルーマンの原爆投下の決断に関しては、わりあい早くから、少なくとも六〇～七〇年代には批判する論考があった。いわゆる左翼系と言われている学者たちによるものですが。

米国の「原爆投下」の真相

エルドリッヂ　ところが、『ヘル・トゥ・ペイ（原題：D. M. Giangreco, *Hell to Pay: Operation DOWNFALL and the Invasion of Japan, 1945-1947*）』（未邦訳）という本が出てその見方をガラリと変えた。「ヘル・トゥ・ペイ」というのは「大変厄介なことが待っている」という意味ですが、これはメチャクチャすごい本です。

左系の学者たちがいう終戦間際の状況、「日本は負ける直前だった」とか「原爆を使わなくて済んだ」とか、そんな楽観論とは全然違う、当時の状況を描き出しています。

つまり、予定通り四五年の秋から四六年の春に日本の本土決戦をした場合、米軍側にものすごく多くの犠牲者が出ると事前に見積もり、アメリカも真剣に検討していたことがわかる。だから、どうしても戦争を長引かせることは避けたかった。それを後からの理由づけにしたという批判は当時からあったのですが、そうではなく、リアルタイムの調査に基づいて計算をしていたという事実が書かれているわけです。

西村　じゃあ、もうその当時、ネットアセスメントをやっていたと。

エルドリッヂ　そう、それをリアルタイムでやっていて、このまま戦争を続けたら絶対大変なことになると。

西村　沖縄、硫黄島でアメリカ人も約二万人死んでいます。やっぱりそれを考えると、もし本土に攻め込んでいたら、こんなもんじゃ済まない戦死者が出ると想定されるわけですよね。さすがにこの数字はオーバーだと思うけど、米軍が本土決戦、米側の呼称では「ダウンフォール作戦」を行った場合の死者数は一〇〇万人と言われていました。

エルドリッヂ　旧皇族の竹田恒泰《つねやす》さんの書いた『アメリカの戦争責任――戦後最大のタブーに挑む』では「一〇〇万人神話」を徹底的に否定しています。原爆による犠牲者が三〇万人以上とあまりに甚大だったため、原爆投下を正当化するために、米軍側の犠牲者数を大幅に水増しする必要があったというのですね。

本書ではトルーマンと国務長官だったバーンズが推し進めた原爆投下について根底から批判している。戦争の「早期終戦」のためでも、犠牲者を抑える「人命節約」のためでもなく、有体に言って「人体実験」だった可能性にも触れています。

『アメリカの戦争責任』と最新の研究である『ヘル・トゥ・ペイ』とを比較して、あるいはお二人の著者が対談したら面白いと思う。二〇二五年、終戦八十周年に合わせて実現されたら、議論の前進となり、真実の究明につながるかもしれません。

四、五年前、『アメリカの戦争責任』が出版されたばかりのときに竹田さんと話したのですが、「英訳したら、アメリカ人がものすごく考えさせられる内容ですよ」と伝えました。つまりアメリカでは、原爆投下を含めて太平洋戦争は「アメリカが正しい」という歴史になっているけれど、決してすべてが正しいわけではない。だからアメリカが反省することによって、より日本の立場を理解することができるだろう、と。

竹田さんもアメリカの断罪が目的なのではなく、日米が真の友好関係を結ぶためにも、戦後最大のタブーである原爆投下の歴史を直視すべきだと述べています。竹田さんと連絡が取れないので、なかなか翻訳作業が進まないのは残念ですが。

西村　それは必要ですよね。日米両国の歴史観が一致しないのは、当たり前だから。それをお互いに認め合って、どこまで許容できるかというラインを決めることによって、お互いが尊重できるようになるのではないでしょうか。

日米戦争は一九四七年までかかると恐れたアメリカ

エルドリッヂ　『ヘル・トゥ・ペイ』に話を戻すと、当時のアメリカが本土決戦をした場合の犠牲の膨大さは米軍が調達しているものを見ても窺えます。棺とか包帯とか、事前に大量に注文していた。これは、原爆を落としてから後付けの理由によるものではなく、リアルタイムで、本土決戦をした場合の犠牲者を計算していた証左であると分析している。すべての資料を著者のジャングレコが集めて、細かく分析しているのです。

この本を出した出版社から、私は何冊も本を出しています。そんな関係から、献本されたのですが、読んでみて「いや、すごいな」と思った。

作者は、イデオロギーではなく、データに基づいて書いている。

それに比して、ロン・ポールのところから発信された「トルーマンがけしからん」という論文は、これはイデオロギーに基づいた、あるいは間違った認識に基づいたところから導き出された結論だった。もしかすると最初から結論ありきの、論考だった可能性もありますね。

しかし、ジャングレコは、きちんとデータに基づいた著作を二、三十年ぐらい書き続け、この本に至っている、信頼できる著者です。

連合国にとって、特に、神風特攻隊のインパクトは強烈だったようです。ものすごく怖れていた。

たとえば、日本には燃料の備蓄がない、といわれてきましたが、太平洋戦争（大東亜戦争）終結直前の状況をみると、実はかなりの量の備蓄があった。本土が攻撃されても、反撃しないのは、燃料がないのではなく、乾坤一擲《けんこんいってき》、反撃して、大逆転の機会を待っていた。だから、備蓄された燃料を、無駄に使わないようにしていたのです。

日本はまるまる、一発大逆転の準備をしていた。それは終戦後に、連合国が知ることとなるのですが。

西村　この本の「1945〜1947」というのは、何を意味してますか？

エルドリッヂ　「日本を敗戦させるには一九四七年ぐらいまでかかる」という意味です。そういう計画だった。だから当時のアメリカには、一九四五年で戦争が終わると思っている人は誰もいなかった。皆、戦争の終結には一九四六年ないし四七年までかかると考えていたのです。

西村　不思議なのは、日本人もそう思っていなかったのです。まさか一九四五年に戦争が終わるとは。ですから、自決した人がいっぱいいるわけです。しかし日本は昭和天皇の一言で、停戦に向かいポツダム宣言を受諾した。だからそれもたぶん、当時のアメリカ軍には逆にすごく不気味に映ったかもしれない（笑）。

エルドリッヂ　私の父は、ちょうどそのとき、沖縄戦に参加していた。だから、ホッとしたと言っていた。

西村　お父様はまだ若いんじゃないですか？

エルドリッヂ　長男である父は十九歳で徴兵されて、このときは二十歳でした。その年の九月二日が二十一歳の誕生日ですから。ちょうど東京湾に停泊していた戦艦ミズーリ号上で日本が降伏文書に調印した日と同じ日でした。

西村　じゃぁお父様は、私の父親とあまり変わらないですね。こうやって二人で話していると、何か不思議な縁を感じます。

エルドリッヂ　父親は一九二四年生まれです。私が高校を卒業する直前にがんで亡くなったのですが、もっと彼が体験したことを聞きたかった。自らあまり語ろうとしないので、相当辛かったことが想像できる。サイパンに行く前のハワイにいるころ（一九四四年）の写真は何枚かあるけれど、サイパン、沖縄の写真はない。その後、一九四五年九月に、日本軍を非武装化するために朝鮮半島に渡って、一九四六年に復員するまで従事していた。

西村　私の父は一九二二年生まれです。ちょうど終戦のときはインドネシアにいました。早稲田の学生でしたが、昭和十八年（一九四三）に繰り上げ卒業、学徒出陣で陸軍に入った。少尉に任官してインドネシアへ。終戦後は、インドネシアに戻ってきたオランダ軍の捕虜になったそうです。

不思議ですね。時代が巡り巡って、あの苛烈《かれつ》な戦争を戦った日本人とアメリカ人の息子同士が、こんな話をしているなんて、われわれの父親はあの世で驚いているでしょう。それも、喜んでいると思います（笑）。

しかし、その本にあるようにそれだけ日本軍も緻密《ちみつ》に考えて本土決戦を戦おうとしていたのでしょう。これだけのことを、お互いにやっていた敵同士が、手を結ぶわけですよね。

そう考えると、昭和天皇とマッカーサーの二人は偉大ですね。

エルドリッヂ　これは、私がずっと取り組んでいるプロジェクトですけれども、マッカーサーの政治顧問にウィリアム・シーボルドという人がいるのですが、彼の日記を持っているのです。その刊行許可も、もらっている。一九九九年から二十二年間、私が預かっているのです。私の著作のなかでは資料として使っているのですが、単行本としてまだ刊行していない。いろいろな人物が登場するので、日記の編集が大変だけれど、来年の出版に向けて最後の編集作業に入っています。皆さんがよく知っている人物が登場しているので、楽しみにしてください。

とりあえず英語版で、『ヘル・トゥ・ペイ』と同じ出版社から刊行する予定です。日本語版も実現できたらいいな、と思っています。

西村　それは楽しみですね。ジャーナリスティックではないけれど、学問的にも非常に価値があるものになりますね。

エルドリッヂ　シーボルドはもともと、海軍のインテリジェンスの仕事をしていた人です。彼の奥さんは横浜の人で、イギリス人と日本人のハーフであり、一九二三年の関東大震災で家族が神戸のほうに避難し、生活を再建した。奥さんのお父さんは弁護士だった。シーボルドも弁護士になって、その義理のお父さんがつくった神戸の事務所に勤めていた。

戦争当時は海軍の情報部にいて、終戦後に日本に来て、政治顧問部局に入った。その二年後に中国の専門家で上司のジョージ・アチソンという人が海の事故に巻き込まれて飛行機が墜落し、ハワイに帰る直前に亡くなった。そこでマッカーサーがシーボルドを政治顧問に昇格させて、一九五二年までずっとその立場であったわけです。

ただ、日記の一部、四六年から四八年の二年間がなぜか紛失しています。四六年一月から三月まで、四八年から五二年が全部ある。毎日誰に会ってとか、どういう話があってとか書かれています。

西村　それはＧＨＱが変わるときですね。

エルドリッヂ　変わるときでもあるし、たとえば沖縄関係の天皇メッセージがあって、あるいはその直前に、シーボルドの上司が飛行機の墜落事故で亡くなったりしている、非常に興味深い時期でもある。残念ながら、そのあたりの日記がない。一生懸命探したのですが。

彼があまりにも危ないことを書いていたからではないかとの説もあります。しかし、彼は回想録も出しているのですが、それは、日記に基づいて書かれたもので、マッカーサーが死んでから出版されています。

常識的に考えて、そんなに危険なことはたぶん書けないと思う。仮に書いたとしても、その部分だけ削除されたりするでしょうか。

憲法九条に反対していた昭和天皇

西村　最近そういう新資料がよく出てくるようになりましたね。日米関係の新しい見方が、いっぱい出てきて面白いですよ。

ご存知かもしれませんが、二〇一九年にNHKがスクープ報道した『拝謁記』という一級の資料がある。やっと一部が二〇二一年の十二月に刊行されることになりましたが、初代の宮内庁長官の田島道治《みちじ》さんが克明に昭和天皇の言葉を記録しているんです。昭和二十年から二十七年まで、日本が占領から独立するまでですね。

ちょうど占領中の時期に、昭和天皇と田島宮内庁長官が一対一のとき、昭和天皇が何をおっしゃったのか書いてある。敗戦後、宮内省は宮内庁になったので、田島さんが初代宮内庁長官でした。

その一部だけ、番組で紹介されていたのですが、面白いと思ったのは、一九五二年の二月ぐらいに、サンフランシスコ講和条約の発効する日、つまり日本の独立する日がだんだん近づいてきているときに、昭和天皇が、「やっぱりこの憲法はおかしいのではないか。ソ連が軍備拡張をしているのに、いくら何でも九条はひどいんじゃないか」と仰せになった、というのです。

それで、「吉田に言おうか」とおっしゃるから、田島宮内庁長官が、「いや、ちょっと今それを言うといろいろ問題になるから、ぜひそれはおやめください」と止めて、それで、その発言を吉田茂総理には伝えるのを昭和天皇は断念されたらしい。

「ソ連がこんな状態では、日本がちゃんと軍隊を持たないととてもダメではないか。先の大戦前は軍閥の力を誰も止められなくなったが、軍閥の軍隊になったから間違えたのであって、今は違う」と昭和天皇は文民統制の重要性をお話しになったという。これは、敗戦前の日本も一九四〇年ごろまでは、立憲君主制の民主主義国家だったことを物語っています。昭和天皇のそのお言葉から窺えますね。昭和天皇の九条への危惧は、本当にその通りなんです。

私は、それを止めたその宮内庁長官の判断は間違いだと思います。本当に、陛下のご意見を吉田茂に伝えていたら、吉田茂だって変わったかもしれない。そしたらアメリカともっと前向きな話ができたかもしれないし。もしそうなったら、歴史が大きく変わっていましたよね。

そんな話もついこの間まで知られていなかったくらい、その手の秘話は、まだいっぱいあるはずです。日米関係のまだわかっていない歴史の真実は、これからいっぱい出てくるんじゃないですかね。

口だけの政治屋はいらない

エルドリッヂ　解釈的には大きく変わるかどうかわからないですけれど、私にとって、シーボルド日記はとても重要なのです。

日本はあまり記録を残さない、公開しない国でしょう？　シーボルド日記には、誰が誰にどこで会っているのか、何についてしゃべったのかが書かれている。その重要度が、非常に大きい。あとGHQの内部、あるいはアメリカ政府、あるいは連合国のなかのやりとりをある程度窺うことができる。必然的にいかにソ連が危ないのかがわかります。

西村　わかります。ヤルタ会談は最低の密約です。東京裁判で「国際謀議」という罪状がありましたが、ヤルタの密約こそ、スターリンとルーズベルトとチャーチルの国際謀議ですね（笑）。

実際、ブッシュ・ジュニア大統領が二〇〇五年にリトアニアに行ったときだったか、演説のなかでヤルタ会談を否定しました。スターリン批判をした。私はあのとき、大喝采したんです。

繰り返しますが、東京裁判で出てきた国際謀議というのは、ヤルタ会談ですよ。今の内モンゴル自治区だって、南モンゴルが分割されましたけど、あれはヤルタ会談で勝手に、ルーズベルトとスターリンが決めたことです。

当時はもちろん毛沢東ではなくて、中国国民党の蔣介石《しょうかいせき》でしたけれども。なかなかチャイニーズもしたたかです。

まあ、日米関係もいろいろだから、もちろん食い違いがあるのは当たり前なんだけれども、やっぱり一番手を携えなくてはいけない、そして一緒に歩む相手だと、たぶんお互いにそう思っているはずなんです。それをもっと一般の国民がわかるように本書を通して発信できたら本望ですね。

エルドリッチ　アメリカと日本でもう一つ共通しているのは、口だけの政治屋が多いということです。

国内政策とか、対外政策とか、安全保障とか、問題は違うのだけれど、ものすごく似ている。しかし口だけの政治屋は、もういらない（笑）。

西村　確かにそうです。もう飽きました（笑）。ただ、日本は「口だけ」もいませんでした。その証拠に総理就任や選挙の公約で憲法改正を唱えたのは、安倍晋三さんだけだった。自民党は綱領に自主憲法制定と書いてあるにもかかわらずです。それが信じられない。もし高市早苗さんが総理になれば、憲法改正を公約にする二人目の総理ということになる。

そういう意味で、やはり時代の変わり目です。

エピローグ　米軍基地を自衛隊の管理下におけ！

日本に二度裏切られたニクソン

西村　これからの日米関係ということで、エルドリッヂさんにぶつけてみたい論点があります。プロローグでアイゼンハワーが話題に上りましたが、アイゼンハワー大統領時代に副大統領だったニクソンという人を、実は私は非常に評価しております。

一九五三年、副大統領時代のニクソンがはじめて訪日したときに日米協会で有名なスピーチを行っています。日本国憲法は間違いだったといい憲法改正を日本に求めた。ところがそのとき、首相だった吉田茂は何も返答できなかった。これが戦後日米関係の最初の躓《つま》きの石だったのではないか。

実はその当時、昭和天皇も憲法は変えたほうがいいというお考えだったのに、宮内庁長官が吉田茂に伝えることを制してしまった（第四章参照）。歴史の「ｉｆ」はナンセンスであることを承知で言えば、このときに憲法改正をしていれば日米関係はずっと健全だったろうし、日本も独立国家として立っていたのではないかと悔やまれるのです。

アメリカにとって二つの占領、日本とアフガニスタンへの占領が違うのも当然で、日本には戦前から日本の民主主義があったからです。そして四年にもわたり死力を尽くして戦った相手を畏敬《いけい》しあう気持ちも互いに持っていた。だから一九五二年に占領も混乱なく終えることができた。

ただその後日本が憲法改正を持ち掛けたニクソンに答えることができず、その翌年にできた自民党は自主憲法の制定を党の綱領に掲げながら今に至るまで改正できずにいる。

しかし私の見解ではニクソンはもう一度日本に裏切られています。これは政治学者でフーバー研究所の研究員だった故・片岡鉄哉先生から直接伺った話ですが、一九六八年から六九年にかけて、沖縄返還交渉が秘密交渉も含めて進んでいたときに、こんなことがあったという話です。

佐藤栄作総理は総理大臣になる前から沖縄返還を実現させて戦後を終わらせたい、という強い気持ちを抱いていました。政治家として立派なことです。そしてニクソン大統領とキッシンジャー大統領補佐官に沖縄返還交渉を持ちかけた。

その過程で、ニクソンも一九六〇年の大統領選挙で負けた民主党のケネディが始めたベトナム戦争を何とか終わらせたいと思っていました。そこでニクソンは沖縄の日本への返還を了承します。そのときに沖縄を返すから、日本も完全に独立して、核武装も行ったらどうだろう、とニクソン大統領が佐藤栄作総理に提案を持ち掛けたというのです。

ところが佐藤栄作総理はそれを断った。「『エコノミック・アニマル』と蔑《さげす》まれたことはあっても『ミリタリー・アニマル』と言われたことはなかった」と答えたというのです。それを聞いたニクソンが激怒した。

ですから、沖縄返還の一九七二年の年に、キッシンジャーが秘密裏に北京へ飛んで米中関係が劇的に変化し、寝耳に水の日本は大騒ぎになったのだという話を片岡先生から聞いたんです。

この話を含めて今後の日米関係をエルドリッヂさんがどう考えるかお伺いしたい。何が起きるか、そしてどういうかたちが望ましいか。

キャッチボールができない日本

エルドリッヂ　吉田茂がニクソンに返答できなかったというのに似た話は、実は二〇〇〇年にもありました。同年十月にワシントンでリチャード・アーミテージ元国防次官補らの日本専門家グループが発表した「米国防大学国家戦略研究所（ＩＮＳＳ）リポート」いわゆる「アーミテージ・ナイリポート」。このリポートは当時の沖縄にとって最大の問題と、そして日米関係にとって非常に重要な問題を示唆したものだったのですが、これに対し日本側は返答をしなかった。

当時、神戸大学を卒業して大阪大学へ就職する前に防衛庁（現防衛省）と関係のある平和・安全保障研究所に勤めていた私は、理事長にアメリカ側は返答を待っていると促しましたが、彼は笑って取り合わなかった。テニスと一緒で打たれたボールは打ち返さなければ試合になりません。日米関係は対話からスタートしないと交渉も成り立たず、発展もない。

それで、私はこれを踏まえて『日本経済新聞』の「経済教室」に論文を発表しました（二〇〇一年四月十一日付『日本経済新聞』「基地の共同使用検討を」）。

西村　私もそれを読ませていただきましたが、素晴らしい論旨だったので、紹介させてください。報告書は沖縄との直接的な関連で三点、間接的には二点の解決策を提起しているとエルドリッヂさんは言います。

前者の第一に、沖縄米軍基地の整理・縮小・統合を継続的に検討、第二に、海兵隊の県外（国外）への分散、第三に米軍と自衛隊との施設の共同使用です。いずれの提言も沖縄の基地負担を減らし、日米間の摩擦を解消することにより同盟を強化する目的で出されたものですが、エルドリッヂさんはこれに加えて空、海、海兵、陸の米四軍の施設の共同使用と、軍民の共用の検討を考えるべきだと提言された。まとめると、米軍内の共同使用、自衛隊と米軍の共同使用、軍民共用の三つの共同使用の重要性を説いたわけです。

次に後者の二点の解決策は、「日米新指針の実施」と「集団的自衛権の行使」。要するに在日米軍の兵力を減らすには、日本が国家として世界に責任を果たす「意志」と、集団的自衛権の行使による「実力」がなければ机上の空論に過ぎないと当たり前のことを言っている。ところが当の日本は、「同盟国である米国は五〇年代から、日本の地域での役割、世界的な役割の増大を期待してきた。日本が軍事大国となるのではなく、政治的にも経済的にも財政的にも、そして軍事的にも責任を果たすということであった。五三年の奄美返還、六〇年の日米安保条約改定、六八年の小笠原返還、七二年の沖縄返還などの重要な局面で、同盟国としての日本の責任ある役割の拡大が期待されていたが、多くの場合、そうはならなかった」。

これは相当抑えた表現ですが、痛烈な批判ですね。したがって、日米の対話よりもまずは日本の国内問題だと指摘されている。

エルドリッヂ　紹介していただきありがとうございます。だからきちんとやりとりができる日米関係が必要なのですが、そのためにはまず国内のコンセンサスを得なければなりません。

一九五二年に沖縄返還を検討していたアメリカ

エルドリッヂ　次に、占領が終わった時点でリセットするべきだったというご指摘は、私はその通りだと思います。

実は私も『沖縄問題の起源』（名古屋大学出版会、二〇〇三年、サントリー学芸賞と毎日新聞アジア太平洋賞特別賞をダブル受賞）の最後に、歴史の「ｉｆ」をあえて書いています。それは米国が一九五二年の時点で沖縄返還を本気で考えていたことです。

西村　それは初耳です。

エルドリッヂ　このことははじめて私の本が詳細に明らかにしたことなので。実際にはそうなりませんでしたが、アメリカはかなり本気でした。

当時沖縄返還に一番反対したのがマッカーサーで、なぜなら彼は本土に米軍基地を置くと批判の対象となるため、沖縄に基地を集中させようとした。しかもマッカーサーは沖縄が日本の一部とみていなかった。

五一年の四月に彼は解任され、その後継者となったマシュー・リッジウェイはマッカーサーほど沖縄にこだわってはいませんでした。そこで彼の極東軍（Far East Command、現在、横田にある在日米軍司令部）のスタッフが沖縄を返還できるという報告書をまとめた。私はそれを書いた人に取材したことがある。もう二十年くらい前になりますが。

ＧＨＱの政治顧問事務所はこの報告書を手に入れ、実は軍がこんなことを考えていると国務省に報告した。ワシントンで議論する際、日本の要望に沿って沖縄を返還しましょうというのが国務省の長年の方針だったからです。

五二年の二月にもう一回議論するんですけれども、統合参謀本部がそれを却下して結局実現できなかった。かなりギリギリの決断だったのですが、私はもしこの時点で沖縄の返還が承認されていれば、戦後がだいぶ変わったと思う。本土と沖縄の関係でも、沖縄に対する防衛責任を果たさなければならないので国防軍もできて、日本はいわゆる「普通の国」になっていたでしょう。

あるべき日米関係ですが、今の日本ではアメリカに依存してはダメというとき、それが感情論になっている。しかしもう一つ高い次元があって、アメリカが弱くなっている以上、そのギャップを埋められるのは世界でも日本しかない。日本がもっと貢献しなければならないし、それが日本の安全保障に直結する。

具体的には防衛費をまず二倍にする。それが一年後なのか、二、三年先なのかわかりませんが、早いほうがいい。

西村　私は三倍がいいと思います。それでもGDPの三％にすぎない。

エルドリッチ　なるほど。日本の納税者である私は喜んで協力します。問題は岸田新政権に防衛費の大幅な増加をあまり期待できないことです。

真の日米同盟のために米軍基地は自衛隊の管理下におけ

エルドリッチ　もう一つは、すべての米軍基地は自衛隊の管理下におくべきです。それによって五つの問題が解決できる。

第一に財政的には両国にとって有効的に使える。

第二に政治・行政的な問題が解決できる。現状は米軍が管理しているため地元との摩擦が生じている。言葉の壁だったり、文化の違いだったり。それが日本人同士の連携になるので摩擦が減じられる。

第三に、透明性の問題。米軍が日本のなかで何をしているかが、より透明になる。

第四に軍事的には一緒に生活することによって信頼関係が醸成される。一緒に行動を展開する際には相互運用性が高まる。

第五に戦略的な側面。対外的には日米関係が緊密になれば抑止力になる。

つまり、財政的、行政的・政治的・軍事・戦略的にメリットがたくさんある。そして最後に加えたいのは、お互いに何でも言える関係が必要。遠慮する友人は本当の友達ではない。日米関係は「同盟者」から本当の親友になってほしいと思います。

私はさらに、日米関係は「夫婦関係」にたとえるのですが、お互いにないものを補い合えるから強くなる。コミュニケーションができ、信頼関係が構築されれば、なんでも夫婦として耐えられ、乗り越えられる。

現状のように基地が別々の運用は、夫婦関係の文脈で言えば、別居状態です。これは健全ではありません。一緒にいることによってより強い夫婦になる。

西村　全面的に賛成です。特に、米軍基地を自衛隊の管理下におけるのであれば、大半の問題が、そこで払拭《ふっしょく》できます。実は私も二〇一五年に出した『21世紀の「脱亜論」』（祥伝社新書）のなかで、「日本は第七艦隊をレンタルしろ」と書きました（笑）。少し紹介させてください。

《米国が財政難で第七艦隊の維持もままならないという状況に陥っているのであれば、日本が第七艦隊をレンタルすればいいのである。日本の海上自衛隊の指揮下に艦隊をおく。必然的に核武装が完了する。

あながち不可能ごとではなく、アメリカの国債を売るかわりに第七艦隊をレンタルする、アメリカの財政を支援するためにレンタル料を日本が拠出するという名目でどうだろうか。艦船にいきなり旭日旗を掲げるのも、米軍はきっと混乱するであろうから、星条旗のままでいいのである。実際、日米安保のために日本が拠出しているいわゆる「思いやり予算」という巨額な経費は、このレンタル料であると解釈することもできる。

現在、第七艦隊が使用している横須賀基地（横須賀海軍施設）は、大日本帝国海軍の鎮守府があった場所である。戦艦ミズーリは昭和二十年（一九四五）九月二日、東京湾内に停泊したが、その場所はその九十二年前に日本を威嚇して開国をせまったペリー提督の旗艦ポーハタン号が錨を下ろした場所と同じである。降伏文書の調印式のためにマッカーサーはわざわざアナポリス海軍兵学校からペリーの軍旗を取り寄せ、ミズーリに飾った。ペリー以来の日本征服の夢が九十二年ぶりに叶った瞬間だった。

そういった歴史的経緯を踏まえれば、なおかつ、両国が死力を尽くして多くの戦死者を出した日米戦争終結七十年になる今だからこそ、日米両国の和解の象徴として、今度は日本が第七艦隊を支配下においても不思議ではないだろう。財政難を理由とする米軍再編においても一味違った変化を及ぼすはずである。なおかつ、必然的に米国の核兵器も日本がシェアすることになり、日本の自立も前進するのである》

かなり長い引用になりましたが、占領が完全に終わったということになると思います。

形式的には、昭和二十七年、一九五二年の四月二十八日に日本の占領は終わったことになっていますが、そうでないことは横田基地の制空権を日本が持っていないことでも明らかです。そういう意味では、米軍基地を自衛隊が管理することによって、そこでアメリカの占領がやっと終わるのだと思います。

それではじめて、日米両国の本当の付き合いが始まるようになる。

ちょうど今イギリスの空母クイーンエリザベスが横須賀に来ていますけれど、日本とアメリカがしっかりタッグを組めば、英国やフランスといった民主国家がこれに加勢する。対中国への大きな勢力を生むことになる。

そうなれば、今起きている、いろいろな厄介な問題、いまだに全体主義を信奉するカルト的なものが、地球上にたくさん残っているわけですから。そういったものを、人類共通の脅威として抑止していくという、そういうアライアンスが、日米同盟＋αというものが、今後できるのではないかというのが、私の希望です。

〈平和〉の終わり　あとがきにかえて

第二次世界大戦が終わって七十六年が経過した。この七十六年間、日本は〈平和〉な時代を過ごしてきたと一般的に言われている。しかし当然のことだが、日本以外では世界中あらゆる場所で戦争が起きていた。戦争にならずとも紛争や武力衝突は無数にあった。では、私たちの国、日本が〈平和〉でいられたのはなぜだったのだろうか?

自動小銃の銃口が私に向けられた最初のシーンは、今でも明瞭《めいりょう》に憶えている。もちろん日本国内でない。日本で普通の暮らしをしていれば、マシンガンの銃口など向けられることは全くない。それは、一九九〇年のメキシコシティだった。F1世界選手権メキシコ・グランプリの取材でメキシコシティを訪れたときだった。ホテルから市内のホセ・ロドリゲス・サーキットへレンタカーを走らせ検問を通過する際、窓を開け、免許証、パスポートを兵士に提示した時、その女性兵士が肩から下げていたマシンガンの銃口がブラリとちょうど私を向いた。生きた心地はしなかったが、検問を通過した。

一九八〇年代から頻繁に仕事で海外へ行くようになったとき、一般的に空港を警備するのは自動小銃を携える軍隊であることも知った。いったい、それまで日本の中で何を見ていたのか不思議に思った。こんなことをいちいち列挙するのも馬鹿馬鹿しいのだが、日本の中ではなかなかリアルな〈現実〉を目にすることができない。

それは〈現実〉を覆い隠すような何かベールのようなものが日本を覆っていて、日本だけが世界でも稀《まれ》な特殊な世界になっているからだろう。もし、日本だけが特殊な世界だとすれば、そんな世界を作っているシステムが存在することになる。臭い、あるいは、危険な〈現実〉から目を逸らせられる、蓋《ふた》をしてしまうシステムである。

別の言い方をすれば、〈現実〉に手で触れて、ひんやりとした、あるいは生温かい手触りの感触を決して得られない、映画「マトリックス」に出てくる、大脳のシノプスにデジタル端子を接続されて見えてくるような〈仮想現実〉を、私たち日本人は生きているということになる。日本以外が〈仮想現実〉なのか、日本だけが〈仮想現実〉なのか、という問いを持ち出す人もいるだろうが、確率から考えれば、日本だけが〈仮想現実〉なのだろう。そもそも〈仮想現実〉を見させる装置が九条というシステムなのだ。

日本人がもうそんなマトリックスの世界の住民ではいられなくなるときが、刻々と迫っているのではないか……。その証拠に、選挙のときは不思議なことに別の結果になるのだが、日本の政権に何を一番望むのかという各種世論調査で、真っ先に挙げられる項目が「外交・安全保障」になったのである。

注目されていないが、実はこれは、画期的なことである。日本人も敗戦後七十六年、独立後六十九年を経過し、やっと目を醒《さ》まし始めたらしい。しかし、惰眠《だみん》にしてもあまりにも長すぎる惰眠だった。惰眠が癖《くせ》になれば脳は劣化し、そのまま死に至る。

そんな死の淵から日本人が立ち上がることができたのは、二〇二〇年米国大統領選挙の不正問題とそれと関連して世界中を危機に陥れている武漢コロナウイルスのパンデミック、さらに中国共産党の目に余るウイグル、チベット、南モンゴルへの人権侵害、香港への苛烈《かれつ》な弾圧、さらに台湾への侵略意図……。

それらに気づき始めた人が多くなったからだ。

今あげた諸問題は、実は、歴史学としての視点からも、また、地政学的にも、安全保障的な見地からも、さらに国際関係論、純軍事論的な視点からも、全てが連携し繋《つな》がっている、今世紀最大の危機なのである。それを、本書の読者には、ぜひ、読み解いていただきたいと願っている。

本書は私にとって恐らく十冊目の対談本になるが、これまで以上に充実し、凝縮された、ディープな内容を読者にお届けできたと確信している。ここには、予定調和は一切なく、絶えずお互いが未見の情報を持ち寄り、二人で議論し、客観的に捉えようとした軌跡がある。見解の相違で激論を闘わせたり、認識の一致で膝を打って議論を深められたのは、畏友、ロバート・D・エルドリッチ博士の深い知性によるものだ。とにかく、本当に興奮し、かつ楽しい対話ができた。

また、本書の出版に当たり、ビジネス社の佐藤春生氏には並々ならぬご尽力をいただき、心より感謝する次第である。氏の奮闘なくして本書の刊行はあり得なかった。

本書によって一人でも多くの読者の方と情報を共有できれば、それに優る喜びはない。

令和三年十月吉日

西村幸祐

著者略歴

西村幸祐（にしむら・こうゆう）

批評家、関東学院大学講師。1952年、東京都生まれ。慶應義塾大学文学部哲学科在学中より『三田文学』編集担当。音楽ディレクター、コピーライター等を経て1980年代後半からF1やサッカーを取材、執筆活動を開始。2002年日韓共催W杯を契機に歴史認識や拉致問題、安全保障やメディア論を展開。『表現者』編集委員を務め『撃論ムック』『ジャパニズム』を創刊し編集長を歴任。一般社団法人アジア自由民主連帯協議会副会長会。主な著書に『韓国のトリセツ』（ワニブックスPLUS新書）、『「反日」の構造』（PHP研究所）、『メディア症候群』（総和社）、『21世紀の「脱亜論」』（祥伝社新書）など多数。

ロバート・D・エルドリッヂ

1968年、米ニュージャージー州生まれ。90年に米国バージニア州リンチバーグ大学国際関係学部卒業後、文部省JETプログラムで来日。99年に神戸大学大学院法学研究科博士課程修了。政治学博士号を取得。01年より大阪大学大学院国際公共政策研究科助教授。09年、在沖縄海兵隊政務外交部次長に就任。著書に『教育不況からの脱出』（晃洋出版）、『人口減少と自衛隊』（扶桑社新書）、『トモダチ作戦 気仙沼大島と米軍海兵隊の奇跡の“絆”』（集英社文庫）、『オキナワ論』（新潮新書）、『尖閣問題の起源 沖縄返還とアメリカの中立政策』『沖縄問題の起源 戦後日米関係における沖縄1945－1952』（名古屋大学出版）など多数。

編集協力：髙山宗東

中国侵攻で機能不全に陥る日米安保

2021年12月１日　第１刷発行

著　者　西村幸祐　ロバート・D・エルドリッヂ

発行者　唐津 隆

発行所　株式会社ビジネス社

〒162-0805　東京都新宿区矢来町114番地 神楽坂高橋ビル5階

電話　03(5227)1602　FAX　03(5227)1603

http://www.business-sha.co.jp

印刷・製本　大日本印刷株式会社

〈カバーデザイン〉中村聡

〈本文組版〉エムアンドケイ　茂呂田剛

〈編集担当〉佐藤春生

〈営業担当〉山口健志

ISBN978-4-8284-2340-1

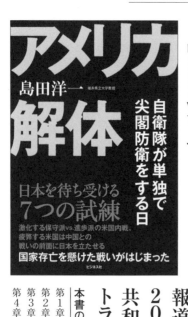